滑雪——冰雪上的舞者

盛文林/著

台海出版社

图书在版编目（CIP）数据

滑雪：冰雪上的舞者／盛文林著. － － 北京：台海
出版社，2014.7

（全民阅读体育知识读本）

ISBN 978 - 7 - 5168 - 0439 - 1

Ⅰ.①滑… Ⅱ.①盛… Ⅲ.①雪上运动 - 基本知识

Ⅳ.①G863.1

中国版本图书馆 CIP 数据核字(2014)第 175054 号

滑雪：冰雪上的舞者

著　者：盛文林

责任编辑：王　品　　　　　　　装帧设计：视界创意
版式设计：林　兰　　　　　　　责任印制：蔡　旭

出版发行：台海出版社
地　　址：北京市朝阳区劲松南路1号　邮政编码：100021
电　　话：010 - 64041652(发行, 邮购)
传　　真：010 - 84045799(总编室)
网　　址：www. taimeng. org. cn/thcbs/default. htm
E - mail：thcbs@ 126. com

经　　销：全国各地新华书店
印　　刷：北京一鑫印务有限公司
本书如有破损、缺页、装订错误, 请与本社联系调换

开　　本：655×960　　　1/16
字　　数：130千字　　　　　　印　　张：12
版　　次：2014 年 10 月第 1 版　印　　次：2021年6月第3次印刷
书　　号：ISBN 978 - 7 - 5168 - 0439 - 1

定　　价：29.60 元

前　言

　　当我们以矫健的身姿穿梭在崇山峻岭、皑皑白雪的世界之中时，我们会感叹这是大自然对人类的美好馈赠，让我们能享受到如此激情澎湃的体验——这就是被称为人类极限运动之一的滑雪运动，是一项既刺激又浪漫的运动，滑雪让我们走出户外，去感受大自然的美妙。

　　远离城市的喧嚣和污染，置身于雪山密林与大自然亲密拥抱，空气中流动清新，阳光明媚，视野开阔，尽赏变幻莫测的冬景奇观；投身于"银装素裹"之间，与山、与林、与雪融为一体，伴雪共舞，饱享冬季大自然所赋予的无限欢乐，让我们真正觉得心旷神怡，这就是滑雪的魅力。

　　滑雪运动起源于几千年前的欧洲大地，是人类在对抗大自然中体现出来的智慧结晶。滑雪属于有氧运动，能够增强心肺功能，也能增强身体的柔韧性，并且在众多的户外运动中，滑雪是对人的身心都很有益处的一项冬季运动，首先，滑雪能增强人的肺活量，长期坚持滑雪锻炼，肺活量会有明显的提高，再者，滑雪能增强我们的身体素质，强健我们的体魄，滑雪是一项充满了激情与动感的室外运动，能驱散冬日里抑郁的心情，带给我们刺激的体验。

目　录

PART 1 项目起源

外国古代滑雪

滑雪运动产生于人类征服自然的实践过程中，产生的条件是寒冷、多雪、多山、多林木等。

滑雪运动历史悠久，追溯滑雪活动的起源要从古代原始的实用滑雪说起。据资料记载，滑雪始于北欧的挪威，距今约已有四千多年的历史，那里是世界滑雪的故乡。滑雪这个词始于挪威语"Skith"（雪鞋）。据考证，早在四千多年前，在北欧、西伯利亚、乌拉尔山脉周围和中亚细亚等地已有人滑雪。在挪威的路易多、乔库以及阿克蒂·赛克尔附近，人们在多处岩洞的岩壁或石碑上发现了刻画着石器时代的两个男子乘滑雪器具打猎的图案。

世界最古老的滑雪板发现于芬兰的卡鲁夫瑞斯库和瑞典的豪汀，据科学鉴定为公元前 2500 年前的制品。在芬兰卡鲁夫瑞斯库发现的雪板，很像神话故事中的冬神渥鲁穿的雪板，其中一支板窄而长，用于滑行；另一支板宽而短，在滑行

挪威岩刻画滑着巨大滑雪板的人

面粘着毛皮，用于走路。最古老的雪鞋是加拿大和西伯利亚的爱斯基摩人在冻土带的雪地上使用的。

今日的奥斯陆

最古老的滑雪运动传说出现在古挪威等北欧各国的故事中，被誉为冬神的渥鲁和滑雪女神安德瑞蒂斯在传说中经常乘着前端弯曲的雪具往返于山坡。古希腊历史学家赫罗德乌斯写道："在北方有阿波瑞斯人，可以一刻不停地飞驰如箭。"古罗马的日耳曼人称芬兰的北部人为"乘骑雪板的芬兰人"。古罗马的伦巴商人于8世纪说："人们穿着像弓一样弯曲的木板，向前跳着猎取野兽。"

滑雪不仅用于生活，还用于军事和战争。公元1200年，在奥斯陆战争期间，挪威的斯法礼王为侦察瑞典人，让侦察兵掌握滑雪技术。1452年，瑞典人也在战争中使用过滑雪。14~18世纪，滑雪曾被用于芬兰、挪威、波兰、俄国和瑞典的战争。1719年，挪威还组建了世界上第一支滑雪部队。

中国古代滑雪

阿勒泰市古岩棚中1~3万年前的
滑雪人物形态岩画

在中国新疆阿勒泰地区发现的原始滑雪板，距今已有六千多年的历史。在阿勒泰市发现了目前仍在使用的一种原始滑雪板，这种滑雪板以杨木为原料，底部包的是马腿的皮毛，用一根长约两米的滑雪杖辅助滑行。这种滑雪板很原始，在全国乃至全世界都很罕见。

中国最早的、有文字记载的滑雪活动可追溯到隋唐时代。那时，北方的少数民族在冬季的雪地上"骑木而行"，用以狩猎觅食。近千年来，类似的活动也先后在鄂温克族、鄂伦春族、赫哲族以及满族中出现。

隋朝时期，北室韦人主要居住在嫩江流域（现齐齐哈尔附近）。嫩江流域地处大兴安岭南部，气候寒冷，气温常在零下二三十度，无霜期短，冬季达半年左右。山上多松、桦、榆、柞之木，兽类则有野鹿、獐子、狍子、獭、野猪等。室韦人尚不会耕种，只能靠猎鹿獐、食肉衣皮来生活，至今鄂伦春人仍是如此。在漫长的冬季，江河封冻，遍地白雪覆盖，原来的地貌已难辨识，深沟大壑，冻裂的地缝，自然形成坑坑洞洞，且都被积雪覆盖。在这样的山野追猎野兽，很容

乘木马射猎图《皇清职贡图》

易误陷其中，这给人们的生产活动造成了巨大障碍，这种环境迫使北室韦人发明了一种巧妙的行动方式——"骑木而行"。这就是我国最早的有文字记载的滑雪运动。

高山滑雪的起源

高山滑雪又称为阿尔卑斯滑雪，是指滑雪者脚蹬滑雪板、手持滑雪杖，从覆雪的高山顺着山势进行转弯和滑降的一种雪上运动项目。

高山滑雪起源于欧洲靠近阿尔卑斯山脉的一些国家，如奥地利、瑞

士、意大利、法国等，高山滑雪是在越野滑雪基础上孕育发展而成的。过去很多年里，世界雪坛（特别是欧洲）一直将挪威称为"滑雪的故乡"。近年来，根据日本札幌市冬季运动博物馆所存资料，以及国外著名史学家对人类滑雪起源的研究，最终得出的结论：中国新疆阿勒泰地域的丁零族在远古就有滑雪活动，而且是人类最早的滑雪活动，因此，新疆阿勒泰地域也是滑雪运动的发源地之一。

　　高山滑雪是一项山地运动，诞生之初，回转和滑降就已成为其技术动作不可缺少的组成部分。1850 年，在挪威奥斯陆举行了首次高山滑雪原始形式的速降比赛。1868 年，在挪威滑雪运动会奠基人桑·诺德海姆率领下，几位年轻人在挪威奥斯陆滑雪大会上表演了侧滑和 S 形快速回转降下技术。1905 年，茨达斯基在利林费尔德进行了高山滑雪史上第一次回转降下表演，路线全长为 2000 米，高度差为 500 米，共设 85 个旗门。1922 年，英国人阿诺德·卢恩在瑞士的米伦组织了历史上最早的一次高山滑雪比赛。1924 年 2 月 2 日，国家滑雪联合会在法国夏蒙尼创立，高山滑雪作为雪上项目的一个组成部分被纳入该联合会。

　　20 世纪 20 年代末，高山滑雪进一步增多，特别是大型比赛。这时的高山滑雪在组织和规则上均已完善。随着世界锦标赛和世界杯等世界性赛事的开展，高山滑雪开始风靡全球。

越野滑雪的起源

　　越野滑雪起源于北欧的挪威，所以也被称为北欧滑雪，是冬奥会正式比赛项目之一，是一项既浪漫又刺激的体育运动，人类为了在恶劣的自然环境中生存，发明了可以代替行走的滑雪板，它的应用使得人们可以在浩瀚的森林雪海中任意驰骋追寻猎物。

　　据记载，1206 年挪威内战时期，有两名被称作"桦木腿"（因为腿上绑着桦木树皮，以防御严寒）的侦察兵护着年幼的国王，在冬季里靠滑雪翻山越岭摆脱了敌人。至今，挪威还每年举行"伯肯贝尼伦特"（桦木腿）越野马拉松滑雪赛来纪念这一历史事件。15世纪到17世纪，芬兰、丹麦、瑞典和俄国等国家，在战争中也都应用了滑雪技术。

单板滑雪的起源

单板滑雪的最初渊源是冲浪及滑板，它直接来自雪中冲浪。1929年，一名叫杰克的美国滑水爱好者苦于冬季无水可滑，便想到了用一块简单的木板和一段晾衣服的绳子组成了最初的单板，绳子被固定在木板的前端，以控制方向和平衡。

1965年，另外一个美国人佘曼·波潘为了让他的女儿能在他家附近的雪山上"冲浪"，突发奇想，把两块滑雪板并联在一起，做了一个玩具。乘在这样的玩具上，可以像冲浪一样，从山坡上滑下，周围的孩子们看了都非常兴奋，便争先空后地让佘曼·波潘帮助制作。这个玩具综合了"snow"和"surf"两个词，一个新的发明"snurfer"便产生了，这就是最早的雪地冲浪板。后来，他建立了一家公司来生产它，这种既便宜又好玩的滑雪板非常畅销，在短短的几年里，就销售了一百万副。

到了20世纪70年代，Robert Weber在以前的基础上，改进并制造了世界上第一副真正的单板滑雪板。后来，他把这项专利卖给了Burton公司。到了20世纪80年代早期，已经有一些品牌走向了市场，80年代中期，单板发展到了高潮，一举打入了美国所有的双板滑雪场。紧接着出现了Bad Boy形象。这个形象基于当时大多数青少年滑雪者的形象。因此，具有叛逆性质的Bad Boy风格就被建立起来，并流行至今。

跳台滑雪的起源

跳台滑雪 19 世纪起源于挪威。1860 年，来自挪威德腊门地区的两位农民，在克里斯蒂安尼亚镇举行的首届滑雪比赛大会上，表演了跳台飞跃。同年，出生于挪威南部的桑德拉·诺德海姆曾不拿雪杖跳过 30余米。这个纪录一直保持了 30 余年。他因发明滑雪板固定器而被誉为滑雪运动的奠基人。

PART 2

历史发展

国外近代滑雪的发展

随着社会的发展和进步，近代的滑雪已从实用性功能中渐渐地脱离出来，发展成为一项以娱乐和竞技为主的体育运动。

世界最早的滑雪俱乐部于 1861 年成立于挪威的翠寒尔。

1877 年，挪威成立了国家一级的库利斯蒂亚尼滑雪俱乐部。

1883 年，成立了挪威滑雪联合会，同年在哈斯白山举行了越野和跳台滑雪比赛。

自 1891 年起，德国、奥地利、瑞士、俄罗斯等国也纷纷建立了滑雪俱乐部，滑雪比赛也由此频繁地举行。

19 世纪末 20 世纪初，欧洲各北方国家又以各自创建的滑雪俱乐部为中心相继建立了滑雪协会。随着各国滑雪协会的建立，人们要求成立国际滑雪组织的愿望开始产生。

1910 年，在挪威滑雪协会的倡议下，芬兰、瑞典、德国等 10 个国家的 22 名代表，在克里斯蒂安尼（今奥斯陆）举行了一次国际滑雪会议，成立了国际滑雪委员会，推选瑞典人西格弗雷德·埃德斯特伦出任主席，并决定起草国际滑雪规则。最早的滑雪规则于 1911 年在斯德哥尔摩的会议上通过，1913 年开始被采用。

1924 年 1 月 25 日至同年 2 月 4 日，第 1 届冬季奥林匹克运动会在法国夏蒙尼举行。1924 年 2 月 2 日，国际滑雪联合会（FIS）成立，并决定从 1925 年开始，定期举办世界锦标赛，当时称为"北欧滑雪锦标赛"，每年举行一次，1948 年以后改为每两年一次，冬奥会年不再单独举行。

我国近代滑雪的发展

20 世纪二三十年代，俄国人和日本人将滑雪技术传入中国东北地区，中国的竞技滑雪开始起步。在吉林、通化、阿城、牡丹江等地，参加滑雪运动的人开始以俄国人和日本人居多。到了 20 世纪 40 年代，一些中国人也逐渐加入到滑雪的行列中来，参加一些竞技活动。1932 ~ 1944 年，东北举行过五六次滑雪竞赛。

1937 年，黑龙江省第一座滑雪场在哈尔滨近郊玉泉建成，并设有一座小型跳台。

1938 年，第一个滑雪俱乐部在长春成立。

1941 年 2 月 6 日，在吉林市北山滑雪场举行了第二回全满滑雪选手大会。

1942 年 8 月 8 日 ~ 12 日，在长春举行了冬季滑雪大会。

新中国成立后，我国滑雪运动进入了新的发展时期，但鉴于当时社会的发展水平，滑雪主要还是以竞技运动发展为主，这种情况一直持续到 20 世纪 80 年代。从 1980 年第 13 届冬奥会起，中国开始参加冬季奥运会比赛。

高山滑雪的发展

高山滑雪是以大自然为伴，和自然对话的体育运动项目。高山滑雪比赛是运动员利用滑雪板，在山坡规定的线路上自上而下，以极快的速度和高超的技巧滑过不同的坡度、绕过不同的旗门，滑向终点的竞技运动。高山滑雪中降速和超级大回转属于速度较量，回转和大回转属于技巧较量，高山全能属于综合能力较量。而娱乐滑雪主要是学习如何控制速度，如何运用转弯技术，怎样适应不同的坡度、雪质，达到在各种条件下自由滑行的目的。

高山滑雪于 1936 年在德国加米施、帕滕基兴举行的第四届冬季奥林匹克运动会上被列为正式比赛项目。最初只设男、女全能项目。1948 年在瑞士的圣莫里茨举办的第五届冬奥会上，增加了男、女速降

高山滑雪者

和回转项目。1952 年在挪威奥斯陆举行的第六届冬奥会上，又增加了男、女大回转项目。1988 年增加男、女超级大回转项目。目前，冬奥会设有男子和女子共 10 个单项，共计产生 10 枚金牌。现有的高山项目包括滑降、回转、大回转、超级回转和全能（滑降与回转）。在非冬季奥运会年，还会举行一年一度的世界杯和两年一度的世界锦标赛。

高山滑雪在我国起步较晚，加之受到场地、器材、气候等诸多方面的制约，发展速度比较缓慢。19 世纪初，在吉林、通化、牡丹江、阿城等地，开始有一些大学生和滑雪爱好者参加高山滑雪运动。新中国成立后，高山滑雪才真正发展起来。我国第一次滑雪比赛是 1951 年在吉林市举行的市级滑雪比赛。当时共有 70 多名运动员参赛，技术水平不高，也没有专门的裁判员，但这却是我国有记载的第一次正式滑雪赛会。

我国最早参加的国际性滑雪比赛是 1961 年在波兰举行的社会主义国家友军冬季运动会，当时中国人民解放军派队参加了比赛。1979 年

国际奥委会恢复了我国的合法席位，同年 11 月，国际滑雪联合会接纳我国为临时会员；1981 年 5 月 16 日正式恢复我国的会员地位。我国首次参加冬季奥委会的时间是 1980 年 2 月，即在美国普莱西德湖举行的第十三届冬季奥运会。此后，我国与国际交往的机会逐渐增多，引进了先进的场地设施和滑行器材技术，从而使我国高山滑雪竞技运动开始和国际接轨，进入了新的发展时期。

随着我国社会的进步和经济的高速持续发展，以健身、娱乐、旅游、度假、回归自然为一体、高雅而时尚的大众滑雪运动也获得了迅速的发展。我国至今已经建成了规模大小不等的滑雪场近 200 个，年滑雪人次超过 300 万，飞速发展的高山滑雪运动已经成为具有广阔前景的一项大众的冬季体育运动。

越野滑雪的发展

随着时代的发展，越野滑雪的实用价值已逐渐降低，但由于它更贴近自然、贴近生活，因而被人们广泛接受，演变成了现代的竞技运动和旅游项目。

越野滑雪在 1924 年被列为首届冬奥会比赛项目，最初只设立了男子 18 千米（1952 年改为 15 千米）和 50 千米两个项目，到 2002 年冬奥会上增加到 12 个项目，成为目前冬奥会设立金牌最多的项目。女子越野滑雪直到 1952 年才被列入冬奥会项目，最初只设 10 千

越野滑雪者

米一个项目。

相对于其他雪上项目来说，开展越野滑雪的国家和地区不是很多，到2003年也只有50个国家和地区的运动员参加世界滑雪锦标赛越野滑雪的比赛。

近些年，中国的越野滑雪得到了飞速的发展，一些城市也开始承办世界性的比赛，例如，2006年中国长春市举办的冰雪旅游节暨净月潭瓦萨国际越野滑雪比赛，得到了各国参赛人员的一致好评和赞赏。

越野滑雪运动不同于其他的场馆运动，它远离喧闹都市，完全投入到大自然中，让人们在惊险刺激的运动之余体会山野的纯净与壮观。

越野滑雪运动能够增强身体的柔韧性，锻炼身体的平衡能力与协调能力，增强心肺功能，从而达到振奋精神、愉悦身心的目的，是全民健身运动不可或缺的组成部分。随着我国经济的不断发展，人们的生活方式也在不断增添新的内容，越野滑雪运动适宜的人群广泛，在我国得到了很大的发展和普及，逐渐成为冬季里的一项增进健康、提高耐寒能力的运动方式。

近几年，在中国滑雪协会的大力扶持和推动下，中国越野滑雪队的成绩有了质的飞跃。女子选手王春丽在2007年初的第六届亚冬会上摘得了短距离项目历史的首金，随着瑞典前国家队主教练瑞贝卡的加盟，中国越野滑雪队获得了2010年冬奥会的奖牌。

越野滑雪运动在国外十分普及，群众基础雄厚，观赏性强，高水平的世界越野滑雪运动员层出不穷。每当进入冬季，各种雪上运动赛事不断，人们可以经常欣赏到滑雪运动员在高山丛林间穿梭跳跃的英姿。目前，越野滑雪已成为冬季最受欢迎的观赛运动之一。

单板滑雪的发展

20世纪七八十年代，单板滑雪迅速流行，至20世纪90年代，世界各地已经有很多滑雪场由之前的禁止单板滑雪变成大力推广单板滑雪运动。单板滑雪运动虽然起源较晚，但迅速风靡全球成为世界上发展最快的运动项目之一。今天，单板滑雪在世界各地已经拥有并继续吸引着越来越多的参与者。短短二三十年间，单板运动已经风靡全球，自1998年日本长野冬季奥运会起，它成为奥运会的正式比赛项目之一。而在世界各大滑雪场单板滑雪人数直逼传统双板滑雪者。在美国，滑双板的人数已经下降了25%，而滑单板的人数则增加了77%，从而成为美国发展最快的冬季运动。到2015年，滑单板的人数预计将会超过滑双板的人数。

单板滑雪者

单板滑雪既有冲浪的自由洒脱和流畅优美，又有滑板的驰骋雪海的刺激震撼，在纯自然的雪原，快感随着速度飙升。这就是单板滑雪：刺激的单人运动。一旦有过尝试，就会感受到，如果世上没有了这项运动，那会是多么的乏味。这项运动不再是激情迸发的青少年独占的领域。年轻人的确在单板滑雪人群中占了相当大的比例，但是随着这项运动日臻普及，更多的各个年龄段的人们正在着迷于这项运动。而且，单板滑雪也不再仅仅是男士的运动，大约三分之一的单板滑雪爱好者是女士。

中国的单板滑雪队于2003年正式立项，主要开展U型场地雪上技巧项目。凭借在体操、武术等项目上的突出成绩，中国单板滑雪项目选材得当，在短短五年时间内进步迅速：2005年世界大学生冬季运动会上，中国选手潘蕾为中国队赢得国际比赛的首枚单板滑雪银牌，中国队在该项目上还获得了两个2006年都灵冬奥会的参赛资格。

2007～2008赛季，中国17岁小将刘佳宇脱颖而出，两次夺得世界杯金牌，并一度跻身世界排名第一的位置。2009 年 1 月韩国举行的世锦赛上，中国队实现历史性突破夺取 U 型池团体和个人冠军，中国队正逐渐形成集团优势。2010 年温哥华冬奥会，中国单板滑雪队先手王蒙、周洋分别获得了金牌。

跳台滑雪的发展

跳台滑雪是以滑雪板为工具，在专设的跳台上以自身的体重通过助滑坡获得的速度，比赛跳跃距离和动作姿势的一种雪上竞技项目。由个人标准坡度、个人大坡度、个人滑翔、团体标准坡度、团体大坡度以及团体滑翔 6 个小项组成，是滑雪运动的一个独立分支。

1862 年，首次跳台滑雪比赛在海德马克郡东部举行。从此，跳台滑雪作为雪上的一个独立项目在挪威开展起来。

1883 年，跳台滑雪被作为正式项目纳入了霍尔门科伦滑雪大奖赛。19 世纪末和20 世纪初，跳台滑雪先后传入瑞典、瑞士、美国、捷

跳台滑雪者

克、法国、意大利以及波兰等国家，跳跃的距离也在不断提高。

从 20 世纪 20 年代开始，随着运动员空中滑翔技术的提高，对跳台的设计也提出了新的要求。在数学家和工程师的帮助下，跳台的设计更加合理，K 点在 20 世纪 30 年代达到了 90 米。世界纪录突破了 100 米。

1924 年，跳台滑雪被列为冬奥会项目。

1925 年，开始举办世界锦标赛，当时称国际滑雪联合会跳台滑雪

赛。1937 年，正式定名为世界跳台滑雪锦标赛，并将 1924 年冬奥会跳台滑雪比赛定为第 1 届世界锦标赛。

1939 年以前，世界锦标赛每年举行一次，从 1948 年改为两年一次。

1960 年，国际滑雪联合会决定从 1962 年开始将跳台滑雪由 1 项增加到两项，将 K70 定为标准坡度，K90 为大坡度。

进入 20 世纪 70 年代后，随着运动员滑翔技术的提高和对跳台设计提出的进一步要求，国际滑雪联合会又决定从 1976 年开始将标准坡度和大坡度分别由 K70 和 K90 改为 K90 和 K120。1982 年，随着跳台滑雪的普及，国际滑雪联合会决定增设团体赛，并从 1988 年起将团体大坡度纳入冬奥会，从而使冬奥会跳台滑雪由两项增加到了 3 项。

PART 3 目前状况

世界滑雪运动的发展现状

目前，滑雪运动在竞技方面已经建立了较为完整的管理体制，竞赛活动日趋活跃。滑雪运动也从 1924 年第 1 届冬奥会的越野滑雪、跳台滑雪和北欧两项 3 大项和 4 个小项，发展到 2006 年的高山滑雪、自由式滑雪、单板滑雪、冬季两项等 7 个大项和 40 余个小项。

20 世纪初叶伴随人类社会的进步，经济、科技的发展，滑雪运动冲开了原有的局限，经过近代哺乳，跳跃式登上了现代的历程。现代滑雪运动在场地建设、器材设备的研制、技术理论的探讨、参与的人口等各领域得以全面发展，竞技滑雪、滑雪旅游在近几十年处于突飞猛进的扩展之中。当代滑雪的重心在欧洲，大众参与程度可谓达到登峰造极的高度，其次是北美的美国、加拿大及亚洲的日本。目前世界五大洲都开展了滑雪运动。

滑雪运动在大众参与方面也达到了前所未有的高潮。目前，欧洲、美洲、

滑雪运动

非洲、亚洲、大洋洲五大洲都开展了滑雪运动，全世界现有滑雪人口总数达到了 4 亿。截止到 2012 年，全世界有现代化规模的滑雪场 6000 多个。滑雪运动的繁荣发展促进了滑雪产业的升温，一些地区建立了滑雪城、滑雪村和滑雪街，成为了当地的支柱产业。有资料表明，全世界滑雪产业年收入达到了 700 亿美元。

我国滑雪运动的发展现状

我国的竞技滑雪起步晚，水平较低。但近些年来在自由式滑雪空中技巧方面却进步神速。20 世纪 90 年代初，我国从日本引进了这个项目后，仅开展了十余年的时间就在第 18 届冬奥会上取得了女子银牌、第 20 届冬奥会上取得了男子金牌和女子银牌的好成绩。同时，于 2003 年从日本引入的、在我国仅开展两年的"U 型场地单板雪上技巧滑雪"项目，也在 2005 年世界大学生冬季大学生运动会上取得了女子银牌的好成绩。

我国的大众滑雪是从 20 世纪 90 年代末期才开始发展起来的。进入 20 世纪 90 年代，我国经济建设得到了长足的发展，人民生活水平日益提高，滑雪逐渐走向大众，现已成为人们冬季休闲娱乐的重要方式。目前，我国大众滑雪开展仅十余年，但发展势头强劲，滑雪运动从最初的东北三省，到现阶段已遍及到 20 余个省市、自治区。截至 2005 年年底，我国建有现代化规模的滑雪场 240 多个，每年滑雪人口以几何数字发展，仅 2010 ~ 2011 年全国滑雪人次就达到了 1000 万。滑雪产业已经成为东北三省冬季的支柱产业之一。

PART 4 竞赛规则

高山滑雪的竞赛规则

竞赛项目和竞赛顺序

（1）竞赛项目有滑降、回转、大回转、超级大回转、两项全能、三项全能等。

（2）竞赛顺序

①单项：滑降、回转、大回转、超级大回转。

②全能：滑降、回转、大回转。

③一次赛会中，单项的竞赛应全部或部分早于全能项目。

④各组别每天只竞赛一项。

⑤竞赛项目和竞赛顺序（青、少年组），主办单位可根据场地、雪质、运动员水平等实际情况加以调整，在规程中予以规定。

（3）竞赛次数

①滑降、超级大回转只进行一次。但当线路的高度差达不到规定标准时，除增加难度外，也可以在同一天同一线路上连续进行两次。

②大回转要在一天内，在两条不同的线路上各滑行一次，共计两次。

③回转要在同一天内，在两条不同的线路上连续各滑行一次，共计两次。

④全能项目中的全能滑降、全能大回转，全能回转，一般情况下各只滑行一次。

分组

（1）全国冬运会不分组，其他竞赛可酌情增设青、少年组。

（2）年龄组规定。

抽签

（1）运动员出发顺序，原则上按项目分组抽签排定，如果抽签时没有收到参加单位的分组名单，赛会可以根据书面报名的报名顺序编排。

（2）抽签方法：采用分别抽号和定人的双重抽法。抽签时一般由本队领队或教练员抽，也可由赛会裁判员代理。

（3）抽签顺序：第二组、第一组、第三组。

（4）抽签方式：赛前各项一次抽签。如果该项比赛在前一天晚上抽签，遇到恶劣气候，竞赛延期超过一天时，须重新抽签。

（5）单项的后几天、全能的后几项出发顺序，以前一次和前一项的名次成绩决定。前五名或更多名的运动员按名次逆顺在最前面出发，第六名或更多名以后按名次顺序出发。如前一次或前一项成绩相同，顺序由抽签决定。

（6）抽签后，运动员的分组及出发顺序不得改动。

（7）运动员的出发顺序要以书面形式分发各参加单位。

（8）所有参加单位领队、教练员必须出席抽签仪式。

出发

（1）竞赛中，如采用电动计时时，等时出发的间隔为 40 秒、60 秒、90 秒，具体时间由裁判长决定。不等时出发时，要待前一名运动员抵达终点，并得到终点和线路的通知后，方可出发。

（2）出发口令：发令员在出发前 10 秒钟，提示运动员走上"出发台"；五秒钟时喊："5、4、3、2、1"，接着发出"出发！"的动令。使用电动计时时，动令由电讯音响播出。

（3）出发时，要让运动员看清公开表。

（4）出发时，运动员的腿尖不准超越起点线，雪杖和身体可以超越起点线。

（5）抢滑、晚滑和迟到者的出发：

①使用人工计时时，运动员抢滑要立即召回，重新出发。

②使用电计时时，按规定时间提前3秒钟或晚滑3秒钟都视为正常出发，其时间的计算按运动员实际出发开始计算。抢滑3秒钟以上为犯规；晚3秒钟以上出发，其时间仍以原定的出发时间为准开始计算。

③发令员不能因给迟到或抢滑、晚滑运动员发令而影响给正常出发运动员发令。

④有正当理由迟到、晚滑的运动员，其出发时间，无论人工或电动计时，均要按实际出发时间计算。

⑤无正当理由的迟到、晚滑者，如果大会允许，其出发时间仍按原规定出发时间计算。

试滑

（1）试滑人数：3人~5人。

（2）试滑时间：竞赛前5~10分钟。

（3）试滑人员必须通过所有旗门，有效地滑完全程。

（4）必须佩戴与正式运动员不同的号码布。

（5）每项线路，都要进行试滑。

（6）试滑成绩不予公布，只提供大会有关人员参考。

（7）如无试滑人员，裁判长有权将第三组最末三名运动员提到第一组之前，按逆时针方式出发。

熟悉线路与公开练习

（1）竞赛前至少应给运动员三天以上的熟悉场地线路的时间。原则上，运动员报到后不许封场地。遇有特殊情况，也只能由技术仲裁小组做出在某些时间封闭全部或部分线路的决定。

（2）在制定好安全和急救措施的前提下，滑降项目在赛前至少要有两天的在与竞赛线路完全相同的线路上公开练习的时间。公开练习的时间一般在规程中下达，运动员要按另行抽签的顺序，佩戴号码布，在统一组织下进行公开练习，大会应给予正式计时。

（3）每项当日竞赛之前，运动员必须穿板并佩戴号码布视察线路。大回转和超线大回转可以由上至下横滑视察，但不准模拟滑行或通过旗门。

重新滑行

（1）竞赛中，运动员在没有犯规的前提下，遇到下列情况时，经大会同意，可以重新滑行。

①在线路上受到工作人员、观众、动物阻挡或妨碍时。

②受跌倒的运动员妨碍和前面的运动员没给让路时。

③受前面的运动员甩掉的雪板、雪杖及碰倒的旗杆等妨碍时。

④在线路上受到急救活动妨碍时。

⑤计时设备发生故障时。

（2）经允许重新滑行的运动员，可安排在某相继出发的两名运动员之间滑行，使滑行条件尽量接近第一次。

（3）如果运动员先犯规，后遇妨碍，重新滑行成绩无效。

高山滑雪运动员

（4）重新滑行成绩不如第一次时，仍将以重新滑行的成绩作为正式成绩。

（5）线路设计完成的时间

①滑降要在竞赛前两天完成。

②大回转最好在竞赛前一天完成，最迟要在赛前两小时

完成。

③回转要在竞赛前一天完成，最迟要在赛前一小时半完成。

④如果线路有大的改动，应给运动员安排熟悉和练习的时间。

竞赛服装及用具的规定

（1）服装必须自然并合身，整个服装应由通气性一致的材料制成，这种材料应没有塑胶性。衣服上面不许有别针、装饰品及其他金属。头盔、风镜要合适。

（2）使用原则：

①安全的原则。

②机会均等的原则。

③创造新的竞赛用具，必须经主办单位审查批准后使用。

（3）对雪板的要求：

男子滑降板最短为1.9米，女子为1.8米，板中间宽为6厘米。滑降板尾高为1厘米。回转及大回转板的板尖高为3厘米。

雪板的脱离式固定器、雪鞋、雪杖等规格不限。

（4）禁止下列用具和装备：

①暗用助滑器。

②使用人力装置（化学能量、电池等）。

③穿用塑料加工的不透气服装。

④使用能导致破坏线路和改变雪质、损害他人的东西。

⑤使用能导致他人受伤的危险品。

竞赛中对运动员的规定

（1）不准破坏和改变场地线路上的任何标志和旗门；不准私立标记。

（2）必须按照线路上的标志滑行，依次有效地通过所有旗门及终点门。

通过旗门的定义为：沿滑行方向，以任何方式，从任何方向，至少穿着一只雪板的双脚全部越过旗门两侧柱的连线。

（3）起滑和滑行中，不得借助任何外力。

（4）当他人要求让路时，必须迅速给予让开。

（5）撞倒旗杆、超出方向旗范围和跌倒、回跑等不算犯规。

（6）在不借外力的情况下，允许修理、更换雪具。

（7）中途弃权后，不得通过弃权处以下的任何旗门，更不准通过终点门。

（8）必须穿戴竞赛用具、装备。

犯规与处罚

凡运动员违反下列规定按犯规处理，取消其竞赛资格。

（1）不符运动员资格者。

（2）不符年龄规定者。

（3）以不正当手段参加竞赛者。

（4）封场后，仍有意在线路上练习或私自改动旗门或标志以及不穿板视察线路者。

（5）发令时，点名三次或预告后超过 30 秒钟不到以及违背发令顺序者。

（6）电动计时时抢滑 3 秒钟以上，人工计时时抢滑 3 次以上者。

（7）没按指定的路线和标志滑行者。

（8）没有正确通过所有旗门或终点门者。

（9）不迅速让路或有明显阻挡者。

（10）不遵守安装规定，未戴头盔、防风镜及脱离式固定器者，私自安装和携带严禁物品者。

（11）不佩戴大会的号码布者。

（12）无理要求重滑者。

（13）未穿雪板离开"停止区"者。

（14）严重违反赛区纪律和不服从裁判员裁决者。

越野滑雪的竞赛规则

比赛的组织

进行比赛的组织是比赛顺利开展的前提和保证。主要包括有各类器材的准备、人员的分组及赛事安排。

比赛所需要的器材和人员组织

比赛设备：

（1）竞赛组织者应提供足够的线路维护设备，诸如雪橇车、铁锹和雪道设置器等都是在比赛之前和过程中必须放置手边的设备，以备在遇到线路事故或恶劣天气时能够及时修复线路。

（2）标记、旗杆和围栏应能够确定出线路。标记，应统一尺寸和颜色，间隔放置在线路沿线，使运动员在一个标记处能够清楚地看到下一个标记。应使用旗杆和围栏阻断可能使运动员误入的线路。起始区和终点区应用围栏围起来，以限制非比赛者和非工作人员的进入。

（3）如果有必要，围栏应围成一个圈。

电子设备：

（1）应使用具有手动备份系统的电子计时设备，计时 1 千米到 10 千米的比赛（4 个秒表：起点两个，终点两个）。100 米的比赛应使用比运动员人数至少多 2 个的秒表计时，每一个赛道一个秒表，另外两个作为备用。运动员在所有的比赛中都应计时，成绩结果表应反映这一政策。比赛中若终点裁判反对计时成绩之顺序，以终点计时裁判为最终结果。

（2）赛场应使用质量好的公共通讯系统以帮助比赛工作台、信息传播和比赛组织以及比赛的评论。应备有音乐。

公共设备：

（1）在终点区附近，为了运动员、教练员和观众的方便，应设置正式的公告榜，包含运动员名字、号码、起点顺序和其他重要的赛事信息更新（如赛事开始时间、起点和终点气温和雪温、线路中最高点和最低点的气温和雪温等等）。在颁奖典礼之前应通知颁奖的时间和地点。

（2）任何时候，在起点/终点区或者信息中心应备有急救物资和运输使用的雪橇或带雪橇的雪车。必须安排持证的医务人员在场。

修复工具：

应备有滑雪器材修复工具（改锥、钳子、刮刀、锉刀、蜡和 p - tex）和打蜡使用的长凳。

人员：

（1）线路工作人员如计时员、线路监测员、起点裁判和护卫/警察、终点裁判和护卫/警察，以及比赛规则委员会成员等，可以穿风衣或袖标以示区别。

（2）技术代表、竞赛长、竞赛秘书、媒体区、起点终点、成绩公布区以及线路长之间应备有无线电用于沟通。起点终点区和成绩公布区的计时官员应有自己的频道，同时可以较容易地切到一般的信息频道。计时官员应该处在能够清楚看清起点和终点的位置。

温度指示：

应备有温度计测量空气温度、起点终点区雪面温度以及线路最高点和最低点的温度。整个比赛过程中应定时公布温度。

比赛距离

在下面的内容中1km 表示千米，c 表示传统技术，f 表示自由技术。

一般比赛项目：

青年男子：10 千米、15 千米和30 千米；

成年男子：10 千米、15 千米、30 千米和50 千米；

青年女子：5 千米、10 千米和15 千米；

成年女子：5 千米、10 千米、15 千米和 30 千米。

特殊比赛项目：

短距离与长距离滑雪比赛须依照国际雪联越野滑雪标准。

世锦赛项目：

青年男子：10 千米、30 千米、4×10 千米；

成年男子：10 千米、15 千米、30 千米、50 千米、4×10 千米；

青年女子：5 千米、15 千米、4×5 千米；

成年女子：5 千米、10 千米、15 千米、30 千米、4×5 千米。

不同比赛的比赛距离和技术顺序

冬奥会和世锦赛比赛项目的距离和技术顺序：

男子：30kmc、10kmc、15kmf、4×10km（2c、2f）、50kmf

女子：15kmc、5kmc、10kmf、4×5km、（2c、2f）、30kmf

长距离项目比赛每隔一年改变一次技术。如下所示：

男子：30kmf、10kmc、15kmf、4×10km（2c、2f）、50kmc

女子：15kmf、5kmc、10kmf、4×5km、（2c、2f）、30kmc

世界青年锦标赛比赛项目的距离和技术顺序：

男子：10kmc、4×10km（2c、2f）、30kmf

女子：5kmc、4×5km（2c、2f）、15kmf

对各种距离的比赛，其技术每年将轮换。

世锦赛上有一半项目是传统技术，另一半项目是自由技术。

男女"越野滑雪追逐赛"按下列进行：

男子：2×15km、1×10km、1×15km 或 2×10km

女子：2×10km、1×5km、1×10km 或 2×5km

在追逐赛中两种技术均必须使用。第一天的比赛应间隔 30 秒出发；第二天的比赛采用追逐出发式。通常情况下，两次比赛应在连续两天内完成。

越野滑雪比赛

比赛线路

线路要求：

（1）线路应平坦、宽阔、安全。越野线路设计应能检验运动员的技术、技巧、体能，其难度应与比赛的水平相适应，要避免在单调而过长的平地滑行，尽可能选择自然、有起伏波动和上、下坡的路段。在可能的条件下应设计穿过森林的线路。但线路不宜因急转弯和陡坡及突然的"倒八字"滑行等因素造成节奏中断。下坡线路要确保运动员安全通过，避开冰带、陡角和狭窄地带，避免有危险的斜滑降。

（2）线路的开始阶段要容易些，难度应出现在全程的3/4处。出发后的2~3千米内，不应出现难度极大的陡坡。终点前1千米内也不应出现较长的危险滑降。

线路准备：

（1）做好线路的准备工作，以保证比赛时即使雪量较小也不会产生危险。线路上的石头、树桩、树干、树枝及障碍物要予以清除，尤其要注意下坡地段。雪季线路准备工作应用机械设备进行，若使用重型机械，必须尽可能保持地形原貌及其起伏路面。经过碾压的线路，雪的厚度至少要有10厘米。理想的线路是，长距离的比赛（4~10千米）都是单独路线。线路应使用红色旗帜或清晰的旗帜清楚地标记，在可能发生混淆的线路连接处应放置指示牌以指引运动员滑向正确的线路。

（2）选定的线路要准确丈量，并绘制线路图。线路图比例为1：110000，截面图横向比例应为1：50000，纵向比例为1：50000。线路图上须标明累积爬坡、高度差、最大爬坡等，要标有比例尺刻度指向标的箭头指向北方。

线路标准

全线路：

按惯例，越野滑雪线路应包括：1/3的上坡、1/3的起伏路面和1/

3 变化的下坡。1/3 的上坡，斜度应在 9%（1：11）到 18%（1：5.5）之间，其高度差为 10 米以上，加上一些短的斜度大于 18% 的陡坡。

1/3 变化的下坡，要求能够进行多种滑降技术。全部线路或大部分线路在正常情况下可以重复使用。路线的最高点不应超过海拔 1800 米。

线路宽度：

线路至少 3～4 米宽，以使运动员安全无险地滑行。在线路横穿的斜坡处，线路应有足够的宽度。在传统技术比赛中，应在比赛线路上开设一条带有雪槽的雪道，从每条雪槽中心测量，两条雪槽分开的距离为 17～30 厘米，雪槽的深度为 2～5 厘米。使用两条雪道时，其分开的距离为 1～1.2 米，测量应以两条雪道中间为准。转弯处要精心选择，以保证运动员能按最佳路线滑行，而不至于偏离雪道。

出发

出发的种类：在国际竞赛日程表中的比赛，采用单人出发、集体出发和追逐出发。单人出发通常采用半分钟间隔出发。技术代表可以批准短些或长些的出发间隔，以便使参赛运动员有公平的条件。

出发程序：

（1）集体出发程序。除出发号码按逆序抽取外，运动员将被分成组。出发顺序为第Ⅳ组、第Ⅲ组、第Ⅱ组、第Ⅰ组。如果需要 B 段和 C 段参加比赛，他们将在 A 段之后出发，出发顺序为 A 段、B 段、C 段。

越野滑雪

（2）追逐赛出发程序。

在追逐赛中，第一项的第 1 名首先出发，第 2 名为第二个出发，依此类推。出发的间隔时间按运动员之间的第一天成绩的时间差计算（1/10 秒不算）。越野滑雪追逐赛的冠军是第一个通过终点线者，第 2 名是第二个通过者，依次类推。

计时：

（1）国际滑雪运动的比赛都应使用电子计时，辅以人工计时。时间以 1/10 秒计算，1/100 秒的时间不计算、不公布。

（2）10 千米线路必须设置 1 次中途计时，15 千米设 2 次，30 千米设 2~3 次，50 千米至少设 3 次。

终点

使用人工计时的条件下，当运动员的前脚通过终点线时计时；使用电子计时的条件下，当光束被切断时计时。测量光点或摄像机镜头需安装在距雪面 25 厘米处。

越野滑雪接力赛：

（1）越野滑雪接力赛的分组应建立在对团体时间的计算之上。团体时间的计算是通过综合团队每个成员从相似距离个人技术赛到接力赛单棒（如 1 千米越野滑雪接力）的初步成绩计算出来的。团队成员没有参加相似距离到单棒接力的比赛，必须参加并完成个人技术赛的初赛。

（2）竞赛官员可每分钟进行一次接力赛分组。

（3）如果参加 4×1 千米越野滑雪接力赛的队伍超过 10 队，竞赛的组织者应该考虑把场地分成两块进行比赛，以减少和控制接力区和线路的堵塞。

（4）在比赛中，一个团队没有恰当地执行接力，接力区的裁判应立即通知运动员，之后是否决定重新接力是运动员的责任。

单板滑雪的竞赛规则

大回转

场地长 936 米，平均坡度 18.21 度，坡高 290 米。大回转用靴与滑雪靴相似，但更有弹性。滑板坚硬、狭窄，以利于转向和高速滑行。以滑行速度评定名次。主要技术动作有左右回转。比赛中两位运动员一起出发，在相邻的两个相同的赛道上穿越一系列旗门，最先到达重点线的运动员晋级下

单板滑雪男子平行大回转

一轮，而最终的冠军要赢得九轮比赛。

U 型池

场地为 U 形滑道，长 120 米，宽 15 米，深 3.5 米，平均坡度 18 度。滑板稍软，较宽，靴底较厚。比赛时运动员在 U 形滑道内边滑行边利用滑道做各种旋转和跳跃动作。裁判员根据运动员的腾空高度、完成的动作难度和效果评分。主要动作有跃起抓板、跃起非抓板、倒立、跃起倒立、旋转等。

单板滑雪 U 型池

越野赛

四位选手在一条赛道上出发，穿越一些起伏的丘陵和跳跃一些坡度，每一组最快的两位运动员晋级下一轮。

跳台滑雪的竞赛规则

跳台滑雪的台级由 K 点距离 W 来决定。W 指从跳台起跳边缘到 K 点的曲线距离。K 点则是着陆区评分坐标原点，此点可根据台级大小调整。以原点向两侧延伸的与运动员跳跃方向相垂直的线，就是距离监视裁判员和距离测量员用以评定运动员跳跃距离的标准线。

规格

根据规格，跳台的级别可分为小型台（W20 米 ~ 45 米）、中型台（W50 米 ~ 70 米）、标准台（W75 米 ~ 95 米）、大型台（W100 米 ~ 120 米）以及飞翔台（W145 米 ~ 185 米）。

标准台、大型台及大型台团体为冬奥会项目。比赛先进行大型台，然后依次是大型台团体和标准台。标准台和大型台每个国家和地区每项限报 4 人，团体限报 1 个队。

运动员参赛资格与越野滑雪相同。比赛进行两轮，采用单人出发。出发的顺序为第 1 轮先将运动员分成 A、B、C 组，A 组和 B 组为无世界杯积分的运动员组，C 组为有世界杯积分的运动员组。A 组和 B 组通过抽签决定，C 组则按世界杯积分排名顺序的逆序进行。

第 1 轮得分的前 30 名参加第 2 轮比赛，出发顺序按第 1 轮得分排名顺序由后向前，最后 1 名最先出发。团体每队 4 人，同样进行两轮比赛。比赛分为 4 组，每组每队 1 名选手，并不得变动。每个组号码布上的数字按组别分为红、绿、黄、蓝色。出发顺序为冬奥会和世界锦标赛按世界杯排名的逆序进行，无世界杯积分的队则通过抽签决定。4 名运动员得分相加，即为该队成绩，得分多者名次列前。

得分

跳台滑雪得分由距离得分和姿势得分两部分构成。距离得分以 K

点为准，达到 K 点得 60 分，否则将根据跳跃距离进行加分或减分。加分和减分的分值与跳台级别的大小有关，跳台级别越大，分值越低，大型台每米的分值为 1.8 分，标准台的分值为 2.0 分。假如运动员跳出的距离超过 K 点，则将超过的米数乘以所跳跳台级别每米的分值数，然后加上 60 分，即为该运动员的距离得分。当运动员跳出的距离达不到 K 点时，则要将少于 K 点距离的米数乘以每米的分值数，再从 60 分中减掉。

例如：某运动员在大型台跳出的距离是 125 米，其距离得分的计算公式是：

$$60.0 + （125 - 120）\times 1.8 = 60.0 + 5 \times 1.8 = 60.0 + 9.0 = 69.0$$

运动员跳跃距离的判定是从跳台前沿的边界量起，到运动员在斜坡上的着陆点，然后在测得的米数上再加上 0.5 米。姿势得分满分同样为 60 分。由 5 名跳跃裁判员根据运动员跳跃的准确性、完美性、稳定性以及整体稳定性进行评分，每名裁判员最高给分为 20 分，去掉一个最高分和一个最低分，然后将剩余的 3 个分相加，即为该运动员姿势得分。例如，5 名裁判员的评分分别是 17.0、18.0、18.5、19.0 和 20 分，去掉一个最低 17.0 分和一个最高 20.0 分，姿势分：18.0 + 18.5 + 19.0 = 55.5。

场地

跳台滑雪场地包括跳台、裁判塔和教练员台。冬奥会和世界锦标赛还应备有电梯和供运动员使用的暖房。跳台可以就山形修建，也可以用建筑材料架设。跳台滑雪线路由助滑道、着陆坡和停止区组成。助滑道包括出发区段、斜直线区段、过渡曲线区段以及起跳台。其宽度不得少于 2.5 米。两侧须设有界墙。

着陆坡的宽度，在跳台端底处标准台不得少于 7.2 米，大型台不得少于 9.6 米，并将此宽度不断地扩大到 K 点。跳台滑雪的装备有滑雪板、滑雪靴、滑雪服、头盔、护目镜以及手套。滑雪板的长度一般是身高加 80 厘米或者身高 ×1.46，最长不得超过 270 厘米。

PART 5　场地设施

滑雪的场地

滑雪道

滑雪是一个冬季运动项目，绝大多数滑雪场地都建在山林等自然环境下。高质量的场地是滑雪运动开展的前提，良好的装备是滑雪者顺利、安全滑行的必要保证。滑雪场地中有不同级别的滑雪道，滑雪者应了解这些滑雪道的特点，并能熟悉场地中的一些常见标志。

初级滑雪道

坡面与滚落线（一个球体从山顶向山下顺着山坡不改变运行方向的滚动的完整直线）一致，初级滑雪道的坡度小于 8 度，雪道变向处的角度大于 135 度，宽度大于 20 米。停止区需开阔平缓，能达到滑行自然停止。"盘山"式的初级雪道多数地段的宽度要大于 5 米。

中级滑雪道

多数地段的坡面要与滚落线一致，中级滑雪道的坡度在 9 ~ 25 度之间，雪道变向处的角度大于 150 度，宽度大于 25 米。

高级滑雪道

多数地段的坡面要与滚落线一致，高级滑雪道的坡度在 16 ~ 30 度之间，雪道变向处的角度大于 160 度，宽度大于 30 米。滑雪道中的过渡雪道、引道、连接处最窄处不少于 25 米。

雪质判断

每个雪场不仅雪道不相同，而且雪质也有区别，初学者往往不能适应不同的雪质。一般来说，由于下雪时和下雪后的天气条件不同,，雪质会呈现出各种各样的形态。自然雪有粉状雪、片状雪、雨夹雪、易碎雪、壳状雪、浆状雪、粒状雪、泥状雪、冰状雪等；人工造的雪主要有压实的粉状雪和雪道雪等 60 多种。每种雪在滑板下都会使滑雪者产生不同的感受，所采用的滑雪技巧也会有所不同。

在我国，由于大多数滑雪场建立在北方的内陆，受到海洋性季风的影响较小，具有空气干燥、寒冷、风大的特点，雪的形态大多数为粉状雪、壳状雪、冰状雪和浆状雪。目前，国内的滑雪场主要是将上述不同雪质的雪搅拌后形成雪道雪。

在清晨时，雪质呈现冰状雪形态，表层有一层薄的硬冰壳，这种雪质的表面于滑雪板的摩擦力非常小，滑雪板无需打蜡，滑雪速度很快，滑雪者要有一定的滑行技术。

上午 10 点以后，随着温度的升高、阳光的照射，雪的表面慢慢融化，呈粉状雪形态，这种雪对滑雪者来说感受最好，不软不硬，滑行舒适。

下午，在阳光的照耀下和雪板的不断翻动下，雪质呈浆状雪形态，雪质发粘，摩擦力增大，初学者在这种雪质上滑雪较容易控制滑雪板。技术好的滑雪者可以在滑雪板的底面打蜡，以减小滑行阻力。

在下了新雪以后，如果不用雪道机搅拌和压实，几天后会在雪的表面形成一层硬壳。在这种雪上滑行，要求滑行者有较大的前冲力，以冲破这层雪滑行。这种雪质一般在雪道机无法到达的较高、较陡的高级滑雪道上，所以要求滑雪者有较高技术水平才能在这种又高又陡、需要较大前冲力的雪面上滑行。一旦您掌握了驾驭它的本领，看着一块块破碎的雪壳在空中飞舞，当会其乐无穷。

滑雪场标志

滑雪道级别标志

雪场的标识与公路交通标识牌的作用相同，起到提示或告诫滑雪者的作用，滑雪道级别用带有颜色的线条标注，绿色为初级滑雪道，蓝色为中级滑雪道，黑色为高级滑雪道。

滑雪道指示标志

指示标志有提示或警告滑雪者的作用，滑雪者要了解指示标志的含义，以顺利、安全地进行滑雪运动。

提示标志

编号101 直径45cm 禁止入内	编号102 直径45cm 禁止转弯	编号103 直径45cm 禁止摇晃 吊椅	编号104 直径45cm 禁止雪撬	编号105 直径45cm 禁止进入	编号105 直径45cm 禁止滑野雪
编号107 直径45cm 禁止雪地 摩托	编号108 直径45cm 禁止通行	编号109 直径45cm 禁止骑坐 拖牵	编号110 直径45cm 禁止入内	编号111 直径45cm 禁止放开 拖牵	编号112 直径45cm 禁止背小孩
编号113 直径45cm 禁止自由 技术滑行	编号114 直径45cm 禁止狗入内	编号115 直径45cm 禁止单板 滑雪	编号116 直径45cm 禁止停留	编号117 直径45cm 禁止背包 坐吊椅	编号118 直径45cm 禁止骑雪地 自行车

禁止标志

编号201 边长56cm 危险	编号202 边长56cm 注意压雪车	编号203 边长56cm 注意雪道 狭窄	编号204 边长56cm 注意雪道 交叉	编号205 边长56cm 小心裂缝	编号206 边长56cm 小心悬崖
编号201 边长56cm 注意造雪机	编号208 边长56cm 注意拖索 陡坡	编号209 边长56cm 注意雪地 摩托	编号210 边长56cm 注意雪崩	编号211 边长56cm 注意右侧 交汇	编号212 边长56cm 注意左侧 交汇
编号213 边长56cm 向右转弯	编号214 边长56cm 向左转弯	编号215 边长56cm 向右急转	编号216 边长56cm 向左急转		

危险标志

高山滑雪的场地设施

场地

滑降场地要平坦、宽敞，宽30米以上，从起点到终点在不撑杖的条件下能顺利滑向终点。线路设计不要使运动员产生恐惧心理，允许保留天然的转弯、斜坡和逆坡，不要有连续的起伏而造成连续腾空现象，不准有回转式的小转弯，陡峭或急转弯处要设置限制门以控制平均速度。终点门宽15米。

高山滑雪比赛场地（部分）

设备：

①方向旗：按滑行方向插设在线路的两侧，左红、右绿，一般为小型三角旗，旗杆长约30厘米。

②旗门：滑降竞赛要设置少量的限制旗门，它还具有表示方向的作用。一个旗门用四个杆和两面旗组成。旗杆直径为2～4厘米；旗面规格高为100厘米，宽为75厘米；旗杆要富于弹性，颜色要与旗面一致；旗面下沿距雪面为1米，在不易看清的地方也可高于1米。男子滑降线路以橘红色旗门为标志；女子以红、蓝旗门交替插设为标志。

③安全网：在陡峭和急转弯处要设置安全网。

回转场地与设备

（1）场地

坡度25～30度的急陡坡要占全线路的四分之一，线路宽至少为

40 米。

设计线路时，必须考虑有助于大多数运动员能发挥技术而顺利通过。要根据线路的技术数据插设旗门，避免有单调连续的旗门组和能导致超速或急减速的旗门；起、终点不要设难度较大的旗门组；最后一个旗门应距终点远些，并插设在线路的中间，以诱导运动员迅速滑向终点。

全线路不要形成直线式或单调大角度转弯；旗门设置要注意节奏性，使滑行速度控制在秒速 9～11 米之间，旗门间的平均距离应在 9～12 米为宜，高度差为 5 米以内。两次竞赛路线要安排在同一山坡上。终点门宽为 10 米。

（2）设备

①旗门的颜色和规格：旗的颜色为红、蓝两种；旗面规格为 40 厘米 ×40 厘米。

②旗杆：弹簧杆的直径为 2～3.2 厘米，旗杆与旗的颜色一致；旗门高为 1.8 米，红、蓝交替插设，插好后用染料涂在雪面上作定位标记。

③旗门：由两面同色旗和两根杆组成一个旗门，旗门宽 4～6 米，门间距离最大不得超过 15 米，最小不得小于 75 厘米。

④回转路线多以开口门和闭口门组成，也要有 2～4 个单门组成的门形组。如螺旋门、蛇形门等。

大回转场地与设备

（1）场地

地形最好是波浪式的起伏，在自然转弯的前提下，尽量能使大、中、小转弯巧妙地结合起来，使滑行速度控制在秒速 14～16 米为宜。要求线路宽 30 米以上。在设两条不同线路时，要考虑两条线路的滑行成绩尽量相接近。终点门宽 10～15 米。

（2）设备

①旗门的颜色与规格：旗的颜色为红、蓝两种；旗面宽为 75 厘米，

高为 50 厘米。旗面上也可以缝一条 5～10 厘米宽的斜对角白带。

②旗门：旗门杆、旗门高同滑降。旗门间的距离最小为 10 米。插设闭口门时，将旗面卷成 30 厘米宽再用。

方向旗：同滑降。通常插设在视野不清地段。

超级大回转场地与设备

（1）场地

介于滑降和大回转之间。地形最好是峻峭、起伏和自然转弯相结合。设计线路时，一定要考虑让运动员有充分选择各旗门之间自己滑行线路的余地。场地宽不少于 30 米。终点门宽 15 米。

（2）设备

①旗杆的颜色与规格：同大回转。

②旗门：旗门的样式同大回转；旗门高度同滑降。男子竞赛旗门不得少于 35 个，女子不得少于 30 个，除组合门外，旗门间距离一般不得少于 25 米，最低不能少于 15 米。

③方向旗：同滑降。

高山两项和三项全能场地与设备

高山两项和三项全能的场地与设备。同与其相对应的单项来说，只是线路难度较为低些，竞赛次数通常只滑行一次。

高山滑雪器材与服饰

高山滑雪的基本器材有滑雪板、滑雪鞋、固定器、垫板、滑雪杖。装备有滑雪服、滑雪手套、滑雪头盔、滑雪眼镜。

滑雪板

高山滑雪板由板头、板腰、板尾组成，板头和板尾宽且薄，雪板两端翘起，可防止滑行时插进雪里。板腰厚、窄，而且有弧度，可均衡承受人体的重量，减少摩擦力，提高滑雪速度。滑雪板两侧镶有硬钢边

高山滑雪板的外形是前部宽、中部窄、后部居中，侧面形成很大的弧线。

高山滑雪板的种类很多，由于功能及种类不同，高山滑雪板间的档次也差别很大。

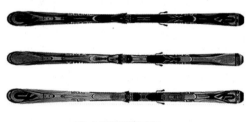

高山滑雪滑雪板

1. 按照竞技滑雪项目来划分，有回转板、大回转板、超级大回转板、滑降板。

2. 按照滑雪的水平划分，有初学者板、中级板、高级板、竞赛板、世界杯用板等。

3. 按照雪质划分，有适合滑硬质雪的板、适合滑粉状雪的板、适合特技的滑雪板等。

4. 按照年龄、性别划分，有男性雪板、女性雪板、儿童雪板等。

滑雪板的选择：

雪板的长度、宽度、弧度和硬度等决定了雪板的性能。雪板越长，滑行速度越快，稳定性好灵活性差；相反，滑雪板越短，滑雪速度越慢，灵活性好稳定性低。挑选滑雪板的时候，应考虑自身状况等各方面因素，使雪板在长度、重量、弹性和硬度等方面与滑雪者自身情况相符。

滑雪鞋

高山滑雪鞋的种类很多，从功能上可分为竞技滑雪鞋和休闲滑雪鞋。休闲滑雪鞋的鞋腰矮、卡子少，有的鞋腰后部可以打开，便于穿脱。而竞技滑雪鞋的鞋腰较高、卡子多，依次排列在前面，鞋腰在前面可打开，外壳很硬，内靴较紧，穿脱较困难，但是可以将脚踝各部分及小腿下部紧紧裹住，又不会导致血液不畅，脚趾有活动空间，可使滑雪者的脚与鞋固定成一个整体，将滑雪者的用力动作精确地传导于滑雪板上。

滑雪鞋的保养：

每次滑雪之后，将滑雪鞋的卡扣全部扣好，保持滑雪鞋的形状；如果有雪水进入滑雪鞋内，应将内鞋取出，单独将内鞋擦拭后，放在温暖的地方自然晾干，千万不能将滑雪鞋，特别是外靴放在暖气或火炉旁烘烤，以免外鞋受热变形；雪季结束后，将滑雪鞋里外擦拭干净，晾干，鞋内可以塞一些报纸，存放在干燥的地方。

高山靴

滑雪鞋的选择：

选用滑雪鞋与选用滑雪板一样，要根据自身的经济条件。技术水平、个人爱好等因素。初学者应选择轻便、灵活、富有弹性的滑雪鞋，它的可操纵余地较大，便于行走。技术好的滑雪者可以选择能将滑雪鞋紧紧连为一体的滑雪鞋，从而使滑雪者任何一点微小的重力变化都能通过滑雪鞋传递到滑雪板上，以提高滑雪者对滑行姿态的控制能力。

固定器

固定器主要是连接滑雪鞋与滑雪板和在滑行者摔倒或遇到紧急情况，起到保护滑雪者安全的作用。固定部和后部都有显示与调整其宽松强度

高山滑雪固定器

前部是固定雪鞋前端，并能在横向外力过大时自动脱开；后部具有固定雪鞋后端、调整前后长度、锁住或松开雪鞋、在纵向外力过大时自动脱开等功能；中部的止滑器可防止雪板与滑雪鞋分离后滑向山

谷，中部的垫板用于防止立刃时雪鞋侧面与雪面的摩擦。

垫板

垫板是为了减少在转弯时雪和鞋之间产生摩擦的可能性。垫板越高，立刃的程度也越大。但同时也需要更大的力量和更长的时间来实现从一个弯到另一个弯的转换（内、外刃之间的转换）。当然，这种雪板较没有安装垫板的雪板更容易陷入深雪中，同时重量也会有所增加。此外，根据安装方式不同，整个雪板的伸展性和强度也会有所不同。

高山滑雪滑雪杖

滑雪杖

滑雪杖是滑雪时用来支撑前进、控制平衡、引导变向、支撑身体的。它是滑雪者控制重心必不可少的工具。

高山滑雪服

高山滑雪杖的杖杆部分由轻铝合金材料制成，上粗下细，有鞘度；其上端有握柄和握革，便于手握和防止雪杖脱落；其下端有杖尖，防止雪杖在硬雪撑插时脱滑，杖尖以上有圆形或雪花形雪轮，限制雪杖过深插入雪面。

服装

滑雪服

滑雪活动是一项在寒冷环境中进行的体育运动，如何选择滑雪服就显得很重要。当人处于运动状态时，身体会排出很多汗液；而当人处于停止运动状态时，其热量和汗液的排放就少得多。因此，对滑雪服装有较高的要求，滑雪服不仅要保暖，而且要保持有良好的通风散热功能。

滑雪服一般分为竞技滑雪服和大众滑雪服。其中竞技滑雪服以连体式为主，根据不同的设计，具有轻便、安全、减少空气阻力的特点，更有利于比赛成绩的提高；大众滑雪服一般是上下分身款式，即由上衣和下裤两件组成，主要以舒适、美观、实用性为主。

滑雪手套

为了防止滑雪时滑雪者的手被冻伤或摔倒时被划伤，滑雪时，必须要戴一双保暖的手套，如果想使自己看起来更专业，最好使用专用的滑雪手套。

滑雪手套

选择滑雪手套：

从外形上看，专用滑雪手套五指分开，掌心部缝制了耐磨层，减少了损坏的可能，并能保护滑雪者的手不被擦伤或磨伤。

从实用功能看，专用滑雪手套保暖，并且防水和不沾雪。

专用滑雪手套碗口较长而且宽大，可松可紧，不仅便于脱摘，而且能够套住滑雪服的袖口，防止雪进入衣袖和手套内。

滑雪帽子（头盔）

滑雪帽是滑雪必备物品，滑雪帽有两种，一种是针织品，另一种是头盔，根据自身的条件，滑雪者选择其中的一种或二者兼而有之。

针织品滑雪帽最重要的功能就是防止冻伤，起到保暖的作用；滑雪帽能够防止头发在滑行中扰乱或遮住自己的视线；滑雪头盔可以在

滑雪头盔

滑雪者失控或跌倒的时候，保护头部不被地面或其他物体撞伤；滑雪头盔外形呈流线型，可以减少滑行过程中风的阻力。

滑雪头盔是硬质材料注塑而成的。头盔里的保湿层富有弹性，当滑雪者失控跌倒后，头盔可以起到保护头部，不致被雪面或其他物体撞伤的作用。在参加比赛快速滑行和树林中穿行时，必须戴带滑雪头盔。

滑雪眼镜

雪地上阳光辐射强烈，加上滑行中冷风对眼睛的刺激很大，所以滑雪者必须选择一款适合自己的滑雪眼镜来保护自己的眼睛。

滑雪眼镜能防止冷风对眼睛的伤害，应先用温度达到零下30度，镜框镜片不脆裂的滑雪眼镜。优质的镜面图层可以防止紫外线对眼睛的灼伤，有效过滤对眼睛有害的光线，同时保持亮度和视野开阔。空气流通设计和防雾材料保证镜面不起雾，眼镜应符合人体工学，不摇晃。镜带弹性好，有适宜的长度和宽度。

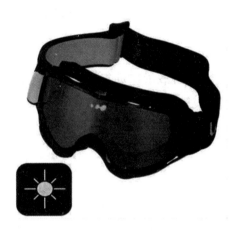

滑雪眼镜

镜框、镜片使用柔软特殊的材料，常用的是聚碳酸酯（一种特殊塑料）。眼镜在外力的作用下只发生变形，卸去外力应迅速恢复原状。

如果发生意外跌倒后，眼镜即使破碎，也不应对脸部造成伤害。

选择滑雪眼镜：镜面的挑选。好的镜面没有划痕，平整。鉴别优质镜面的窍门是正面持眼镜，看镜面中人的倒影，如果影子清晰转动在不同位置也不变形，说明镜面质量过关；呈哈哈镜效果的，说明镜面不平整。测试防雾效果时，可以对着镜面内外两层哈气，如果有水珠凝结在镜片上，说明防雾零效果不过关。

柔韧度。双手握滑雪镜的两端，各方向施加一定外力，观察外形有没有裂痕，去掉外力是不是能迅速地恢复原状。

舒适度。如果觉得眼镜全部贴在眼睛周围，舒适的，则过关。（每个人脸型不一样，所以尽量自己去挑选，并且要试戴。）如果条件允许，试戴的时间尽量长一些；如果觉得长时间佩戴不舒服，那么表示眼镜不适合自己。

建议戴眼镜的滑雪者选择可以佩戴眼镜的滑雪镜或者带有内框可配近视镜的雪镜。

越野滑雪器材与服饰

越野滑雪运动对器材的要求比较高，主要器材有滑雪板、滑雪板固定器、滑雪鞋和滑雪杖等。

滑雪板

滑雪板由前、中、后三部分组成，前部较宽、中部较窄、后部宽窄适度，侧面形成很大的弧度，便于转弯。

滑雪板的选择

滑雪板长度应为滑雪者身高减去 5 ~ 15 厘米。滑雪者要选择适合自己身体条件和技术特点的滑雪板，选择原则如下：初学者一般选择硬度低、转弯半径小的滑雪板；有经验者一般选择弹性好、硬度大、转弯半径大的滑雪板。

越野滑雪板

滑雪板固定器

滑雪板固定器由金属材料制成，固定在滑雪板上。前、后两部分用于固定滑雪鞋，并调整松紧度；中部有止滑器，可防止滑雪板在山坡上自行溜滑。在滑雪者摔倒或受到较大冲击力的时候，滑雪鞋与滑雪板可自动分离，保护滑雪者腿部不受伤害。

滑雪鞋

滑雪鞋的鞋腰较高，有内外两层。外层与鞋底由塑料或 ABS 材质等坚硬材料制成，具有较好的防水性和抗碰撞性；内层由化纤组织和松软材料制成，具有保暖、缓冲的作用。鞋面上镶有一个或多个夹子，用于调整鞋的肥瘦和前倾角度。

滑雪杖

滑雪杖由轻铝合金材料制成，上粗下细。滑雪杖上装有雪轮，既可在滑行中给滑雪者一个稳定的支点，又可防止滑雪杖过深地插入雪中。

滑雪杖的选择

滑雪杖一般长 90 ~ 125 厘米。选择滑雪杖时，从雪轮起算，最长不得超过肩部，最短不得低于肋下，一般应与手臂下垂后肘部距地面的高度相当，这样既易于手握，又可防止滑雪杖脱落。

越野杖

服装

滑雪的装备一般包括滑雪服、滑雪手套、滑雪帽、滑雪镜和滑雪内衣等。

滑雪服

滑雪服应质轻、保暖、防风雪、舒适上身。上装要宽松，衣袖的长度应以向上伸直手臂后，略长于手腕部为宜，袖口应有缩口并可调整松紧，领口应为直立的高领开口，以防止冷空气进入；裤长应以蹲下后裤脚达到脚踝部为宜。

越野滑雪服

滑雪手套

滑雪手套一般用天然皮革和合成材料制成，内层为保暖性较好的不透水面料，可防止手被冻伤。此外，滑雪者应选择五指分开的手套，以方便持握滑雪杖以及用手整理滑雪器材。

滑雪帽

由于滑行中冷风对眼睛的刺激性很大，而且雪地对阳光的反射很强，所以滑雪者需要佩戴滑雪镜来保护眼睛。

滑雪内衣

专业的滑雪内衣是由化纤面料制成的，具有良好的延展性和透气性。如果穿着棉质内衣，须及时更换，以免出汗后身体又潮又冷。所以可以贴身穿一件带网眼的尼龙背心，然后在外面套上一件弹力棉背心，这样身体排出的汗液会透过尼龙背心吸附在弹力背心上，不会产生寒冷的感觉。专业的滑雪内衣由化纤面料制成，贴身，有延展性，关键是透气，让汗水分子透出。如果经济条件允许，可以选一件有丝普纶材料制成的内衣，这是国际上一种先进的材料，它的内层有一层单项芯吸效应的化纤材料，本身不吸水，外层是棉织品，可将汗液吸附在棉织品上。

滑雪袜

滑雪时应穿专用长裤。这是因为滑雪靴筒较高，穿普通短袜，皮肤会与雪鞋内靴直接接触，容易摩擦导致肿痛。如果没有专用袜，也可以穿一般的长筒运动袜。

单板滑雪器材与服饰

单板的装备主要包括衣服、裤子、头盔、雪镜、手套和护臀等。单板的器材主要包括板、固定器和鞋。

滑雪板

滑雪板通常分为三种：自由式滑雪板、高山滑雪板和休闲滑雪板。

自由式雪板的板头和板尾均呈弧形向上翘起。比其他雪板稍短，更轻更有弹性，比较容易转弯。适合初学者使用。目前，最常见的为自由式滑

单板滑雪板

雪板。通常配软鞋、高背捆绑式固定器或踏入式固定器。自由式雪板比较适合做跳跃等各式花样的动作。

高山滑雪板的板头上翘，板尾不上翘。高山雪板较硬，以便高速割雪，转弯时能切住雪。它需要配硬鞋和盘状固定器，适合竞速滑雪者使用。

休闲式滑雪综合了自由式和高山滑雪板的特点，以便创造出全能型的滑雪板。板头和板尾均微上翘。柔韧性也比较适中。比高山板更容易转弯，但保持了高速下切雪的能力。

单板滑雪固定器

固定器

总的来说，固定器分为两种。最常见的是要把鞋绑住的固定器，叫做 Binding；另一种是最新发展的 Step－In 固定器，这种固定器要与相应的滑雪鞋配合，Step－In 可以非常方便地把脚固定在板子上。

在乘坐缆车的时候，一般需要摘下一只，比较麻烦，使用 Step－In 的固定器配合鞋，可以很方便地固定，而且可以在摔倒的时候起到脱离器的作用，但是在玩 u 形槽的时候，就不如 Binding 舒适、方便，在玩 U 形槽的时候，因为扭力和板子的变形会比较大，所以一定要使用 Binding 固定器。

滑雪鞋

单板的鞋分为软鞋和硬鞋。硬鞋由硬的外壳和较软的内胆构成，这种鞋大多在竞技比赛中使用；软鞋相对比较轻便和舒适，现在逐渐成为流行的趋势。可以 Step－In 的鞋一般都是硬鞋，在鞋底有所不同的有一些特殊设计，可以跟固定器配合，另外各种品牌的 Step－In 固定器，相对应的滑雪鞋也不一样，所以在购买 Step－In 的鞋和固定器的时候，一定要一次性同时买，以方便组装。

单板滑雪鞋

服装

滑雪服

服装包括衣服和裤子，单板滑雪与双板滑雪不同，由于经常要下蹲和做一些动作，所以单板的服装多半是比较宽松和肥大的，而且爱膝盖、臀部、肘部会有一些特殊的设计，不仅仅是加厚，而且会加很多层。

另外，由于单板爱好者大多追求另类，所以与双板的色彩绚丽不同，单板的服装整体风格都偏低调，所采

单板滑雪滑雪服

用的色彩也都比较谦虚，例如，黄中红，蓝要绿，灰色也不是纯正的灰色。具体颜色当然依据个人的喜好。

帽子或头盔

滑雪时，头部都会散发出大量的热量，需要佩戴透气保暖的帽子或头盔。从安全角度出发，建议滑雪时佩戴头盔（有的雪场要求佩戴头盔才能进入单板区）。

单板滑雪帽子

初学单板滑雪时，背摔概率很高，倒地时也有可能有其他滑雪者从山上冲下来撞到一起，而头盔既可以有效地保护头部，又可以起到一定的保暖作用。

雪镜

雪镜是用来保护眼睛的，滑雪时必须佩带滑雪镜。单板滑雪镜一般选用视野比较开阔的球面镜。

手套

由于经常下蹲和转弯幅度大的动作需要用手扶地，摔倒的时候也会下意识地手扶，所以手套是必要的保护工具。

单板滑雪雪镜

护臀

由于滑单板会经常坐倒，在摔倒后，一般还要滑出一段距离，臀部着地滑出十几米，所以臀部是最需要保护的部位。

PART 6 项目术语

常用术语

山坡的百分比斜度：

平地 0%～3%

绿色 4%～10%

蓝色 11%～20%

红色 21%～30%

黑色 31%～40%

悬崖 100%

滑落线：通往山下最陡的路钱。

压靴舌：小腿用力下压滑雪靴子的靴舌。这是绝大多数滑雪动作的前提条件。

口令：雪山上需要学生作出快速反应，来不及讲理论时，教练员可喊出命令，如"屈脚踝""向前跪下来""拜佛"。不同的人，不同性格，可采取不同的说法。

弯月姿势：滑雪的基本姿势。脚踝向前弯曲，上体侧屈，肩膀朝山下方向下压，使身体重心超过山下一侧的脚，上身悬空。

屈体：屈体、屈膝，重心向前放低。

引伸：身体伸直。

立刃滑行：倾斜滑雪板＝立刃。像用刀锋在滑行，在雪地上刻出直线路的雪槽。立刃滑行摩擦小，速度快，是竞技滑雪多用的技术。比赛者先尽量向山下方向伸头、双臂和膝部，再用力将滑雪板的刃竖起来。

休闲滑雪者想效法竞技滑雪者立刃的时候，其动作往往跟竞技滑雪者的方向相反。初学时，学生因为怕摔下山，一定会向山上方向伸头、双臂和膝部，再用力将滑雪板的刃竖起来。向山上倾斜身体的效果不好，既难降低速度又不利于转弯。只有当他获得了滑雪的动态平衡感觉，对向山下倾斜身体的侧滑有了安全感之后，才能学习竞技滑雪技术。

侧滑：采用弯月姿势。双雪板平行，平刃，横放在山坡上，往侧面下滑。侧滑产生摩擦力，其结果是减速和转弯。这是休闲滑雪者最常用的技术。立刃滑行正相反，是为了减少摩擦，增加速度和滑直线。

沿滑落线侧滑：在最陡的线路进行侧滑。

直冲：雪板朝滑落线往下滑。

静止：雪板水平位横在山坡不动的状态。

横滑：在直冲和静止之间，雪板和滑落线成5°～60°角的线路横斜山坡往下滑，叫做横滑。无论立刃切雪或平板侧滑都可叫做横滑。

绕山向上转弯：用侧滑往山上方向转小弯。这也是刹车的好办法。

侧滑急停：冰球刹车式的侧滑。在极短距离内刹车。

高山滑雪术语

滑雪术语的掌握，可有效提高滑雪者对滑雪各种技术的领悟与内涵的理解。现介绍几个关健术语：

重力：滑雪者的体重可理解为重力。

重心：指人体总重力的作用点。其方向对着地球中心。在滑雪运动中，重心有时在体内，有时在体外。在滑雪运动中的重心移动方向是多维的，即前后、左右、上下移动的合成方向。

重心投影点：一般指重心与地心连线通过雪地上的那一点。

负重（承重）：一般指滑雪板（或负重腿、负重脚）承担的体重与力量之和。

重心交换：一般指滑雪过程中左右两侧雪板负重的变换。

用力：一般指重力或重力与肌肉力相结合的合力对雪板（腿、脚）施加的压力。负重与用力基本相等。

支撑面积：一般指雪板在雪面上的位置及板型（有时也考虎滑雪杖的支撑）所形成的假想稳定面积。

滚落线：一个球体从山顶向山下顺着山坡不改变运行方向滚动的完整直线。滚落线与地图等高线（落差线）相垂直。

滑降：指从山坡上向山坡下基本直滑行。

转弯：指从山坡上向山坡下左右来回转换雪板运行方向的滑行。竞技滑雪中称为回转。

登坡（登山、上山）：指穿雪板向山上移动。

雪杖痕迹：指滑雪杖在雪面上支撑后所留下的痕迹。

转弯弧迹：指在转弯的过程中，雪板在雪面上滑出的痕迹，一般为半月弧状。转弯弧迹是雪板痕迹之一种。

转弯弧线：指转弯弧迹的中心曲线。凸出的一侧称为外侧，凹入的一侧称为内侧。

转弯半径：指转弯弧线的一点与内侧假想圆心的连线。回转的转弯半径一般在 11～16 米间。

转弯弧度（回转弧）：由转弯半径决定。转弯半径越大，转弯弧度越大；转弯半径越小，转弯弧度越小。

外雪板（腿、脚）：指转弯弧线外侧的滑雪板（腿、脚）。

内雪板（腿、脚）：指转弯弧线内侧的滑雪板（腿、脚）。

山下板（腿、脚）：处于山坡下侧的雪板（腿、脚）。一般是外雪板（腿、脚）。

山上板（腿、脚）：处于山坡上侧的雪板（腿、脚）。一般是内雪板（腿、脚）。

主动板：滑雪转弯过程中起主导作用的那只滑雪板，即负重大的那只滑雪板。一般是外雪板或山下板。

　　从动板：滑转弯过程中不起主导作用的那只滑雪板，即负重小的或不负重的那只滑雪板。一般是内雪板或山上板。

　　雪板刃：指滑雪板底面两侧的金属边。

　　雪板内刃：滑雪基本姿态势中，左、右两只滑雪板内侧的板刃。因为有两只滑雪板，所以有两条内刃。

　　雪板外刃：滑雪基本姿势中，左、右两只滑雪板各外侧的板刃。外刃也有两条。

　　立刃：指滑行中滑雪板底面与雪面形成一定角度。立刃主要体现在主动板内刃。

　　变刃：指滑降或转弯过程式中，一只雪板或两只雪板内刃与外刃间的变换。多指在转弯中两雪板两条内刃间的承重转换。

　　切入雪面：多指雪板刃实实地进入雪面中滑行。主要体现在主动板内刃上。

　　刻住雪面：一般指静止时雪板刃平稳地立在雪面中。

　　立刃角（蹬雪角）：立刃时雪板与雪面所形成的角度。

　　雪板迎角：转弯时滑雪板与原滑行方向所形成的角度。迎角与阻力成正比。

　　脱滑（侧脱）：指高山滑雪转弯过程中，山下侧雪板立刃承重时向外后侧"滑坡"的现象。

　　雪面：专指能滑雪的雪层表面。

　　雪的阻力（雪阻）：指滑雪中雪对雪板滑行所形成的阻止力。

　　倾过：在转弯滑行中，由于离心力的作用，身体向转弯内侧的倾斜越过两只滑雪板，借以维持平衡。这种状态称为倾过。

　　引伸：在相邻两个转弯的变换瞬间，双（单）脚踏蹬滑雪板，主要通过膝部的伸直，将身体重心向上、向前提升，使滑雪板瞬间"失重"，便于改变雪板方向和重心的交换。

　　前倾：滑雪基本姿势中的"膝部前顶""上体向前微倾"、双脚掌用力的动作称为前倾。前倾动作保证了重心不落后。

　　后坐：指滑行时臀部下坐导致重心落后。"后坐"与前倾相悖，是错误的动作。

雪板板型：指两只滑雪板间的型态关系，两只雪板互相平行称平行板型；两只雪板间前窄后宽称为犁式板型；两只滑雪板间前宽后窄称为剪刀式板型。

单板滑雪术语

平地与滑行技巧部分

一、豚跳（Ollie）

二、板尾平衡（Tail press）

三、板头平衡（Nose press）

四、组合花式滑行（Combo trick）

BOX 滑行技巧部分

一、5050 正向直板滑行

二、外转正向横板滑行（Backside boardslide）

三、内转背向横板滑行（Frontside boardslide）

四、板尾平衡滑行（Tail press）

五、板头平衡滑行（Nose press）

六、组合花式滑行（Combo trick）

AIR 跳台

一、直线跳跃（Straight Air）

二、后手抓前刃中部（Indy grab）

三、前手抓前刃中部（Mute grab）

四、前手抓后刃（Melancholy grab）

五、前手抓后刃 90 度转板（Tweak）

六、前手抓板头（Nose grab）

七、内转 180 度（Back side 180）

八、外转 180 度（Front side 180）

九、内转 360 度（Back side 360）

十、外转 360 度（Front side 360）

十一、内转 540 度（Back side 540）

U 型池

旋 转

大部分旋转动作需要的技巧和规则空中技巧技巧和规则是相同的。这些技巧在 U 池上的难度更大，因为 U 池需要垂直升高和下落。在着地的过程中，一定要迅速旋转，身体缩紧，视线不能离开 U 池边沿。

在 U 池上旋转的时候可以做同样的花式动作，比如："剔骨"（boning），"后转弯"（late turn）和"急抓"（grab），这样可以提高动作的美观。以下是最流行的转弯技巧。

"旋转上坡"（Alley Oop）

当运动员在 U 池上空作转弯时，已经完成了一个 180 度的旋转。"Alley Oop 也是一个 180 度旋转，只是朝另一方向旋转身体和滑板，并且是上坡而不是下坡。旋转上坡的技巧就是 "Alley Oop "。

"360 度空中飞骑"（360 Air to Fakie）

360 度空中飞骑和"跳跃 & 空中技巧"一部分谈到的 360 度跳跃是相同的。因为跳跃是在同一个坡道上进行，所以必须以飞骑（Fakie）结束。

540 度，720 度，900 度或更多

这与别的任何常规跳跃中所作的旋转是相似的。根据运动员旋转的度数，有可能正常着地也有可能以飞骑着地。

急抓（grab）

在空中技巧这部分中，我们已经提到了"急抓"的基本要点。对于"急抓"，最重要的是使膝盖贴近胸部，将滑板尽量靠近手臂。下面介绍一些最通行的"急抓"动作。

"懒汉"（Slob Air）

前手抓住滑板头部的脚尖边。

"柯雷尔"（Crail Air）

后手抓住滑板头部的脚尖边。

"印地"（Indy Air）

后手抓住固定器间的滑板脚尖边。

"消音"（Mute Air）

前手抓住板头或固定器间的滑板脚尖边，伸后脚，后手抬起。

"忧郁"（Melanchollie Air）

前手抓住固定器间的滑板脚跟边。

"腐鱼"（Stale Fish）

后手绕过后腿背部抓住固定器间的滑板脚跟边。

"方法"（Method Air）

前手抓住固定器间的滑板脚跟边，从身后将滑板翘至头部高度。

"鲜鱼"（Fresh Fish）

后手抓住固定器间的滑板脚跟边，伸出后腿，前臂向空中伸直。

单手倒立（Handplants）

当运动员已经掌握了 U 池单板的基本技巧，就可以试着做一些单手倒立的动作。这些动作也源自溜冰板。使用 U 池的边沿，运动员也可以用 滑雪板完成像溜冰板一样的动作。

两手交换

这是学习手臂动作的开始也是最好学的部分。当滑板离开边沿越入空中，身体向 U 池旋转。悬在空中的时候，两手放在边沿上，身体倒立。当滑落到 U 池里的时候，将你的滑雪板旋转到身下，双手推 U 池的边沿。将身体重量再次集中到滑雪板上，然后着地。

放回

这个技巧是所有手臂动作中最容易的动作之一。这个动作就是用脚趾边滑到墙上。当滑板越过边沿，后手放在边沿上，身体倒立。滑雪板方向朝上，越过头部。落到 U 池里的时候，弯下背，后手离开。

安德莱赫特（Andrecht）

当滑雪板离开边沿时，后手放在边沿上，身体倒立，前手抓住滑雪板。

悲伤的安德莱赫特

用滑板头部尖端完成的安德莱赫特。

邦尼德莱赫特（Bonedrecht）

用滑板尾部尖端完成的安德莱赫特。

茄子

滑板离开边沿时，把前手放在边沿上，身体倒立，前手抓住滑雪板。

米勒空翻

把前手放在边沿上，身体倒立。让滑雪板越过头部，用后手抓住固定器间的滑板脚尖边，下降着地的时候，滑板旋转 360 度。

障碍技巧

和溜冰板一样，单板滑雪者也喜欢在运动过程中跨越障碍，比如原木，栅栏，盒子等。特殊的单板滑雪场是一种自由式的滑雪场地，场地上有各种各样很酷的障碍，下面来介绍几个单板滑雪中最流行的障碍跨越技巧。

磨碎动作和滑动

"磨碎动作"（Grinds）由跳跃或滑下（或擦下）障碍来实现。以下是几个基本的"磨碎动作"

50/50 磨碎动作

使你的单板和你要滑下的轨道保持平行。这是最容易学的"磨碎动作",因为滑雪板擦边导致摔倒的机率非常小。

5 –0 磨碎动作

这种单板滑雪技巧是一种"50/50 磨碎动作"但是包括前板离地的平衡特技。

摇滚磨碎动作

这个动作是保持你的滑雪板交叉滑过轨道时,滑雪板的每一边平伸出轨道。这个动作比较危险,因为滑雪板擦边的几率非常大。作这个动作时,一定把前板翘起。

史密期磨碎动作

这是一种板头低于板尾的"摇滚磨碎动作",做这种动作时平衡感很难保持。

板头滑动

在板头上完成的摇滚磨碎动作。

板尾滑动

在板尾上完成的摇滚磨碎动作。

巨响

"巨响"(Bonking)是指单板拍击物体。比如说,跨越盒子的时候,在空中用板头拍击一下盒子。板头拍击的动作叫作"板头巨响"(Nose Bonk)。相反,用板尾拍击物体的动作叫作"板尾巨响"(Tail Bonk)。

"巨响"(Bonking)是一个非常引人眼球的花样动作,但是记住一定不要踏到其他滑板人,至少做这个动作之前要争得其他运动者的同意。

PART 7 战术技术

滑雪前的准备活动

滑雪是一项具有挑战性的体育运动，它对人的身体素质是有一定要求的，我们知道，身体素质越好的人，越容易学会滑雪技术，并且掌握高技术的可能性也越大。为了能更容易、更快地学好滑雪技术，预防损伤，我们应在滑雪前尽量做好身体的准备活动。

首先是柔韧性和灵活性，因为初滑者容易跌倒，而且摔倒后的姿势往往幅度很大。如果没有较好的柔韧性，很容易造成肌肉拉伤；其次是力量，大腿的肌肉力量可以帮助我们滑雪时停和转弯，腰肌、背肌、三角肌和股二头肌，是用来平衡身体。

基本身体素质练习可根据每个人身体素质的不同情况，由少而多，逐渐增加量的强度。一般而言，每周 3～4 次，每次 45 分钟到 1 个小时的练习为宜。

柔软练习

头颈部

向前左绕环 180 度，再向前右绕环 180 度。重复 8 到 12 次。

肩部

1. 两脚开立与肩同宽，双手位于体前，左手按右手肘关节向左拉，还原；右手按左手肘关节向右拉，还原。重复 8 ~ 12 次。

2. 双脚开立与肩同宽，双手位于体后。左手按右手肘关节向左拉，右手按左手肘关节向右拉。重复 8 ~ 12 次。

3. 两脚开立与肩同宽，双手位于体后手指交叉向体后拉。重复 8 ~ 12 次。

腰腹部

两脚开立，双手插腰，以腰为轴，左右顶髋。重复 8 ~ 12 次。

腿部

1. 右腿弯曲，左腿向正前方伸直，双手按左膝，体前屈。换一边，左腿弯曲，右腿向正前方伸直，双手按右膝，体前屈。重复 8 ~ 12 次。

2. 弓步压腿。左腿向前迈一大步，屈左膝，弓步下压，上身保持正直。换一边，右腿向前迈一大步，屈右膝，弓步下压。重复 8 ~ 12 次。

力量练习

俯卧撑

人俯撑在地上或垫上，脚前掌支地，身体绷直，双手相距比肩稍宽，然后以手臂力量屈伸肘关节，带动身体一起一伏。其关键要保持身体始终绷直，身体下落时，除了双手和脚掌支地外，其他部位不可触地。连续做 10 ~ 15 次，每次练习做 2 ~ 3 组。

仰卧起坐

身体仰卧于地上或垫上，膝部屈呈 90 度左右，脚部平放在地上。双手放于头后面。采用比较缓慢地速度把身体向上拉起，同时应该呼气。把身体升起离地 10 ~ 20 厘米后，收紧腹部肌肉群并稍作停顿，然后慢慢把身体下降回原位。当背部着地的时候，便可以开始下一个循环的动作。连续做 10 ~ 15 次，每次练习做 2 ~ 3 组。

两头起

人俯卧在地上或垫上，两腿并拢自然伸直，两臂于头后自然伸直。起动时，两腿两臂同时上举，向身体中间靠拢，以胯为轴使身体形成对折。然后恢复原状，再继续做两头起的运动。连续做 10～15 次，每次练习做 2～3 组。

重跳

两腿并拢，屈膝呈蹲立姿势，两手包脚、团身，然后两脚蹬地向高跳起，跳起同时展腹、吸气，双臂和双腿后伸形成反弓。落地时脚尖先着地，再屈踝关节，此时呼气，经直立后紧接着完成身体蹲立团身的姿势。注意：在练习过程中，身体要尽量伸展，向上挑起后落地时要屈膝缓冲。每跳 15 次为一组，共做 2～3 组。

专业技术素质练习

基本训练

1. 两腿并拢，双手插腰，屈膝。腿向外展，呈犁式。重复 8～10 次。

2. 两腿分开比肩宽，内扣膝，两手插腰。弯右腿，上体跟着右转。还原，弯左腿，上体跟着左转。

3. 两腿并拢，屈膝。以腰为轴，臀部左右摆动，也可用滑雪杖辅助练习。

4. 两腿并拢，左右摆动腿，最后到脚外翻，才还原。也可以用雪杖置于体前两侧辅助练习。

腹部训练

锻炼理由：腹部是身体的核心肌肉群，是人体上半身和下半身的枢纽部位，做任何事情都需要用腹部的力量，腹部是人体非常重要的核心部位，滑雪也不例外。而且滑雪对平衡性、协调性要求很高，有力量的腹部是控制运动的关键。

动作要领：身体俯卧，双腿伸直，用手臂和腹部力量使身体成一条直线，即肩部、腹部、臀部、脚跟，身体重心在腹部。注意不要抬起臀部。

大腿

锻炼理由：滑雪对腿部力量要求高，滑行时有80%的力量靠大腿，主要是保持身体的平衡和整个运动的力量。

动作要领：收腹，抬头挺胸，目视前方，身体保持垂直状态，左脚和右脚在行走时尽量拉开步子，保持一米左右的距离，身体重心在腹部。注意弯曲的膝关节不能超过脚尖；一只手扶在墙面上，找到身体平衡感。一条腿抬起，吸气，让膝关节与臀部成一条直线，然后把小腿再伸出去，同样保持一条直线，以提高运动的强度，慢慢还原，吐气。

手臂

锻炼理由：滑雪仗起到在运动中平衡身体的作用，而使雪仗发力的是双臂，用手臂的力量来推动身体前行，所以手臂的力量也非常重要。

动作要领：手握哑铃或重物，肘关节成90度，让双臂以肩为轴慢慢运动至与肩平行，注意不要耸肩，用肘部力量带动手臂的运动；手握重物，肘关节成90度，用肘部力量带动手臂向内水平运动，保持肩部放松。

臀部

锻炼理由：在滑雪运动中，主要的重心都是在下半身，尤其是臀部，有力量的臀部可保持身体的稳定性。

动作要领：收腹，抬头挺胸，目视前方，身体微曲而不是前倾，让身体慢慢做下沉运动，吸气，臀部下沉最低要与膝关节保持同一直线，不要低于膝关节，在慢慢还原，吐气。整个过程感觉肌肉收缩，放松；双脚并拢是基础训练；双脚分开并与肩同宽，可增加运动的强度。

小腿

锻炼理由：剩下20%的力量来自小腿，主要是用于"刹车"。如果小腿力量不够，碰到需要"刹车"情况，可能会导致小腿抽筋。

动作要领：双手扶在墙面上，保持前脚掌着地，慢慢抬起脚后跟儿，并且尽可能地抬高，这样坚持 10 秒钟之后再缓缓放下。在整个练习过程中尽量使你的腿保持伸直，膝盖要稍稍弯曲，以增加难度。

高山滑雪技术

基本技术

高山滑雪的基本技术包括滑降和转弯两大类，此外还有减速停止技术与穿雪板登坡技术。

滑降技术包括双板平行直滑降、犁式直滑降以及斜滑降和横滑降。

转弯技术包括犁式转弯、半犁式转弯、双板平行转弯、跳跃式转弯、登跨式转弯、卡宾式转弯等。

减速和停止技术包括犁式制动停止、绕山急转弯停止、双板平行转弯停止等。

穿雪板登坡技术包括双板横登坡、八字登坡、曲折登坡等。

基本站姿

穿雪板站立姿势是滑雪者进入雪场后应持的基本体态姿势，分平地站立姿势与斜坡站立姿势。

①穿雪板平地站立姿势要领：

a. 身体放松自然站立。

b. 双雪板平行，间距不超过胯宽，双雪板放平共同承担体重，重心居中，压力均匀。

c. 双雪杖支撑于固定器前部的外侧。

d. 目视相关方向。

②穿雪板斜坡站立姿势要领：

a. 在平地站立姿势的基础上，加进雪板的立刃及身体的小反弓型姿势，形成左右不对称的姿势。

b. 双雪板平行横在山坡上，与滚落线垂直，否则会站不住，导致向前或向后滑动。山上板较山下板位置略高，山上侧的腿微屈，可稍前于山下侧的腿半脚距离。

c. 双膝微微向山上侧倾斜，山下板立内刃承担主要体重，刻住雪面；山上板立外刃刻住雪面，重心向山下侧偏移。

d. 上体微微向山下侧（与立刃的雪板对应）横倾和转向，形成微小的"反弓反向"姿势。

穿雪板原地改变方向：原地变向是指滑雪者在平地或坡面上处于非滑行的"静态"状态下改变方向。初学者只有掌握了原地改变方向之后才能比较自如地进行各种练习。原地变向的方法有多种，既有板尾、板尖依次移动展开逐步改变方向的方法，也有一次能完成较大角度的变向，还可有原地跳起变向。

①板尾、板尖展开变向。

板尾展开变向和板尖展开变向运用于较平坦的雪面，其方法相近，也有人将这两种变向方法称为原地踏步式变向。

动作要领：无论板尖展开变向还是板尾展开变向，都要注意雪杖的位置，板尖展开变向时雪杖支撑位置应在体前。初练时雪板一次展开距离不宜过大，随着对雪板的适应再逐渐加大展开的角度与距离。在展开雪板时，身体重心要明显地放在支撑腿上，移动要快。展开雪板时，要保持身体的平稳站立姿态。

②以脚为中心向左向右变向时，双雪板距离应加宽，防止雪板前后端的搭踩，并应提起雪杖。

③180度变向（向后转）。

这种变向除用于平地外，还多用于中、陡坡，其特点是变向速度快。变向动作还可分为前转180度变向和后转180度变向，将前转180度变向动作由结束部分依次向开始部分相反进行，即为后转180度变向。

a. 呈穿板站立姿势，雪板与滚落线垂直。

b. 双雪杖稍前移至体前两侧支撑，左板后部提起向后预摆。

c. 右板承重，左板向前上抬起成直立状态。

d. 将直立的左板以板尾为轴心向左侧下方转动约180度。右板内侧着地并承重，左板转动的同时，上体跟着左转约90度。

e. 体重移至左腿，右板抬起从左腿后侧通过并力争也转动180度，放到左板同一方向并平行的位置上，上体随同右板再左转约90度。

f. 双板同时承重，完成向后转体。

g. 两雪杖在体侧根据转向情况顺势支撑，维持平衡，协助后转。雪杖不要影响雪板的动作。

h. 滑雪杖妨碍雪板转动和雪板不垂直于滚落线，安全后转是不可能进行的。

平地走滑：①在平整的雪面上呈穿板站立姿势。②如同在陆地上行走一样，左右雪板交替向前迈动，左右雪杖在体侧交替撑动。③身体微前倾，落地的前雪板承重，后雪板起到蹬踏的作用。④移动步伐逐渐由小变大。⑤前雪板逐渐由走动变为滑动，此时上体应跟上。⑥平地走滑也可以只穿一只滑雪板，不穿板的脚在雪面连续蹬动，推进滑行。⑦平地走滑时，提板过高、腿与身体直立、臂与腿"同顺"都是错误的。

平地侧向移动：①在平整的雪面上呈穿板站立姿势。②双雪杖垂直插于体侧远一点的地方。③左（右）板承重，提起右（左）板向右（左）平行横移，然后落地并承重。④再平提起左（右）板向右与右（左）板平行并排落地，双板平均承重。⑤双雪杖提起侧移，为下一个移板动作留出空间，不能影响雪板的移动。⑥以上动作反复练习，左右变换，移动的动作应不断加大。⑦如果站立在坡面上，要增加雪板刃的刻雪与双膝向山上侧顶推的动作，动作要领参见横板登坡技术。此时应将下坡的横板侧向移动也列为练习内容。

不跨步同时推进滑行：同时推进滑行是指双雪杖同时向后撑动，推进滑雪板同时向前滑行。

动作要领如下：

①在平整的雪面上呈穿雪板站立姿势。

②双膝前顶，上体微前倾，双臂带动雪杖伸直前送。

③双雪杖尖插到固定器前部外侧后同时撑动，直至双臂向后撑直，上体及两肩同时下压，加大撑杖力度。

④相对静态向前滑行。

⑤雪杖收回直接再向前摆送，上体直起，重心升高，进行第二次推进滑行。

滑降技术

高山滑雪滑降是基本顺着滚落线由上向下的滑行，通常是只靠重力自动加速的滑行。滑降技术是高山滑雪的基础技术，其特点是速度快。

滑降的分类

（1）以滑降的路线方向分类

①直滑降。直滑降可运用的技术包括双板平行直滑降、双板平行横滑降、犁式直滑降、半犁式直滑降。

②斜滑降。斜滑降可运用的技术包括（双板平行）斜滑降、犁式斜滑降、半犁式斜滑降。

③曲折滑降。曲折滑降是由两个以上的斜滑降组成的，折拐点采用向后转180度或其他转弯技术。

（2）以雪板滑降时的板型分类

①双板平行直滑降。

②犁式直滑降和犁式斜滑降。

③半犁式直滑降和半犁式斜滑降。

④双板平行斜滑降。

⑤双板平行横滑降。

（3）以身体姿态分类

①基本姿势（高姿势）滑降。

②中姿势滑降。

③竞技运动员（流线型）低姿势滑降。

④多种特殊姿势滑降。

基本姿势

高山滑降的基本姿势是最基础的姿势，是在"穿雪板自然站立"姿势的基础上增加几个简单的动作。这种姿势身体放松，视野开阔，便于调整控制，不易疲劳，应视为滑雪技术的第一位。由于基本姿势几乎应用于滑雪技术全领域，因此对高山滑雪各种技术有着长久而有决定性的影响。

基本姿势的动作要领：①呈"平地穿雪板站立姿势"，身体放松，双雪板平行放平，受力均匀，两板距离约同胯宽。②双脚掌或双脚弓处承担体重，并实实地将雪板踩住，做到脚下不发虚，重心不落后和"下沉"，两侧居中。③双膝前顶，呈稳定的稍蹲姿势保持随时可以进行腿步屈伸状态。④臀部适度上提，收腹，上体微前倾。⑤提起双雪杖，肩放松，双手握杖置于固定器前部外侧，与腰部同高，微外展，杖尖不拖地。⑥目视前方 10～20 米的雪面。⑦进入学习转弯点杖阶段后，基本姿势应适度压缩，便于上下肢的配合，适应快速滑行。

注意事项：①心理、全身都要放松，不能紧张。②上体前屈、臀部后凸下坐、小腿僵直、眼看脚下、雪杖拖雪面等身体形态，都是错误动作。

双板平行直滑降

双板平行直滑降简称为直滑降。双雪板呈平行状态，雪板底面与雪面吻合，与滚落线方向相同，自上而下滑行。直滑降的技术重点是用腿部的屈伸调解并保持正确的滑行姿势。

双板平行直滑降的应用范围：①直滑降是高山滑雪的主要基本技术，贯穿于高山滑雪的所有技术系列中。②适合于各种坡度、各种雪质、各种地形中的滑行。③应用于比赛中。④通过直滑降的练习，可为滑雪奠定技术基础，掌握基本滑行姿势。还可提高平衡能力、控制能力、适应速度能力以及增强兴趣、增强信心。

动作要领：①在平地上呈滑雪基本姿势。②由于滑雪起点的地形不同，开始滑行时的方式也有差异。③保持住基本姿势，全身放松，依靠重力下滑，体态左右对称，重心在两板中间。④保持双雪板平行，板面与雪面吻合，双脚用力均匀，踏实雪板等。⑤双膝始终切实前顶，富有弹性，不要僵直，时时发挥其缓冲及调整的功能。

双板平行直滑降的不同姿势：①基本姿势，是双板平行直滑降常用的，带有基础性质的姿势。普遍适用于低速、缓坡中，是初学者的基础姿势，应扎实掌握。②中姿势，可以理解为双板平行转弯点杖的姿势，是进入中级滑雪行列的必然姿势，广泛应用在中速及较陡坡的滑降场合中。③运动员（流线型）姿势，属于低姿势，风阻小，适用于快速、加速与比赛中。大众滑雪者在用卡宾技术进行大转弯练习时，也采用近似的姿势。

双板平行直滑降的注意事项：①要时时保持住滑降的基本姿势及雪板运行的直线性。②在练习中要注意体会重心上、下、左、右、前、后移动时对雪板产生的影响及掌握对雪板的控制方法，防止一味追求速度的倾向。③注意在中坡上起滑时的突然加速造成的重心落后而摔倒。④在雪坡、雪质的选择上必须循序渐进，由易到难。⑤在滑行练习中时时注意放松，防止动作紧张、僵硬。⑥膝部屈伸动作是保持正确动作的关键，必须给予重视并加强对膝部屈伸动作的练习。⑦膝部僵直、弯腰、后坐、双板不平行、目视脚下、体态不对称都是滑降易犯的技术错误。

犁式直滑降技术

犁式直滑降习惯上称为犁式制动滑降，是双雪板立起内刃并呈犁状板型与滚落线方向一致的滑降。

犁式直滑降的动作要领：①在一个能立住的缓坡上呈滑雪基本姿势，在下滑过程中躯体和手臂保持不变。②以双板前尖为假想圆心，双雪板为半径，双脚拇指根部球状处为力点，双脚跟同时向外蹍转，将双雪板后部同时边推开边立内刃，板型呈犁状，板尖相距约 10 厘米，双雪板与其后端的连线几乎成等腰三角形。双膝稍屈并略有内扣，双腿与雪面几乎也成等腰三角形。③双雪板呈犁式后靠，双脚内侧均等用力，大、中、小犁式变化时靠双脚拇指根部为力点蹍转。④重心位于两板中间，体态的左右外形、双腿的用力多少、双雪板立刃程度、双雪板尾向外蹍转的大小等均应对称。⑤上体放松，目视前方雪面。⑥犁式滑降前后的重心位置，根据速度、坡度、雪质、用途的不同，随时做相应的移动。还可通过改变肌肉的内力对雪板刃施力的大小达到维持平衡的目的。⑦犁式滑行中除调整犁式的大小外，还应对立刃的强弱进行调整，达到控制速度的目的。

犁式直滑降的注意事项：①始终保持住犁式滑降的基本姿势及身体左右的对称。②过度弯腰、不顶膝、大扣膝、后坐、立不住板刃、控制不住犁式板型，都是常见的错误。

双板平行斜滑降

双板平行斜滑降是指与滚落线形成一定角度，以双板平行的方式向斜下方的滑行，通常称为“斜滑降”。斜滑降技术是高山滑雪基本功练习的主要内容。

双板平行斜滑降的适用范围：①广泛应用在斜滑降、曲折滑降中。②适用于不同坡度和不同雪质的滑行。③体验双板平行转变技术，特别是身体外倾外向的反弓型姿势及雪板立刃的初步感觉，为学习双板平行转弯创造条件。④大量用于双板平行连续转弯的过渡阶段。

双板平行斜滑降的动作要领：①在坡面站立做滑雪基本姿势，在坡面上斜对山下站立。②为了维持平衡，肩、髋稍向山下侧扭转，上体也稍向山下横倾，形成反向反倾姿势，此姿势称为“小反弓型”。③保持这种姿势，提起滑雪杖向下斜滑，在滑行过程中时时注意踩实雪板。一般情况下，雪板刃切入雪中的面积占雪板滑行面的1/3～2/3。④在保持“小反弓型”姿势的同时，要想象成双肩、髋部的两侧、两膝的连线与山坡面形成四线基本平行。⑤斜滑降时“反弓型”姿势的变化和用刃要与坡度、斜滑的速度、斜度协调一致。⑥两臂自然放松微提起，斜滑降中滑雪杖只起加速作用。⑦目视滑行方向前方8～10米雪面。

双板平行斜滑降的注意事项：①不管练习什么内容，要牢牢记住正确的四线平行及“小反弓型”姿势。②掌握好用刃技术，防止在大坡度时出现脱滑和横滑现象。③保持心理和动作的放松。

犁式斜滑降

犁式斜滑降与应用范围：①犁式斜滑降是指用犁式滑降的方法与滚落线成一定角度的自上而下的滑降。②犁式斜滑降的应用范围：

a. 初学者在缓坡中的安全练习。

b. 初学者在较陡的坡面上滑行。

c. 体会形成转弯主动板的感觉。

犁式斜滑降的动作要领：①呈犁式滑降姿势，斜对滚落线向下滑行。②山下板的承重及立刃均略大些，身体的形态已经不完全对称。③重心向山下偏移。

横滑降

横滑降（横板滑降）是指双雪板横在山坡上，与滚落线大致垂直，沿着滚落线的方向，自上而下地滑降。横滑降技术是高山滑雪基本功练习的主要内容。

横滑降的动作要领：①呈"坡面穿雪板站立姿势"，两板尽量平行靠近，山上板也可稍在前。②身体侧对滚落线方向，与斜滑降比较上体有更大的向山下扭转的感觉。③双腿基本直立，由双雪板山上侧立刃刻住雪面，通过调整雪板立刃角的大小及放平来增减下滑的速度。加大立刃时减速，放平雪板时速度增快。④基本不用滑雪杖，当横滑速度太慢时，可用雪杖放于上侧推助或支撑。⑤眼睛向山下侧看。⑥横滑时的重心变化很频繁，要及时调整。⑦雪板前部用力大些，雪板向前下方滑动。雪板后部用力大些，雪板向后下方滑动

滑降中的加速、减速与停止

竞技滑降项目要求全速滑行，运动员从起点以"流线型"低姿势拼命冲向终点，由于滑速快，中间还有腾空的现象。

大众休闲滑雪者大可不必这样做。切记，在绝大多数情况下滑雪是在匀速中滑行，但是速度太慢会降低兴趣。如何根据当时实际需要进行加速、减速与停止，就如同驱车时控制油门的大小及时"加速""减速""刹车"一样。

滑降中的加速：①同时推进技术加速。滑降的起始与途中都可采用同时推进的技术进行加速，但这种方法只适于低、中速及中缓坡。如果在快速中使用，不但起不到作用，还会形成滑雪杖"空撑"，流于形式，很容易破坏平衡，造成失误。②蹬冰式技术加速。蹬冰式技术经常用于快速中的加速，效力比同时推进要好。蹬冰式技术与滑冰的技术动作很相似，只是有滑雪杖的支撑。蹬冰式技术加速有三种技术方式。

a. "一步一撑"的蹬冰式技术。"一步一撑"的蹬冰式技术是最常用的加速技术，一只雪板蹬动一步（另一只雪板滑行一步），双雪杖同时后撑一次。

b. "两步一撑"的蹬冰式技术。左雪板与右雪板各滑行一步，双雪杖同时后撑一次，称为"两步一撑"的蹬冰式技术。这种技术主要用于坡度较陡、速度较快、雪面状况较差的场合。除多一次滑雪板的蹬动外，技术要领与"一步一撑"相同。

c. 不撑杖的蹬冰式技术。这种技术不撑滑雪杖，只是上体弯曲，姿势团缩，只靠腿部的滑冰动作和双臂的摆动来滑行，有人称其为"雪地上的滑冰"。主要用于平缓坡及比赛中的起滑之后。

滑降中的减速：滑降中有时需要减速。滑降速度超过滑雪者的适应能力和控制能力时，是非常危险的，这时需要减速。滑降中的减速要根据滑行速度、坡度采用不同的技术方式。在高速陡坡中，只能用双板平行连续转弯技术逐一减速。

滑降中的停止：①滑降中停止之前，必有一个制动减速的过程，这个过程可能是急剧的，也可能是分步的、逐渐的。②停止的具体方式：

a. 自然停止。终点区平坦开阔，有平地或逆坡时可自然停止。

b. 慢速（缓坡）中用大犁式滑降技术停止，此时应加大两雪板分开的角度，强化立刃，腿伸直，双脚内侧蹬住雪板，必要时用双脚后跟蹬住雪板。

c. 快速中用绕山急转弯技术停止，停止之前先用双板平行转弯动作减速，最后用一个绕山急转弯停止。

d. 初级者最常用的减速、停止方式是犁式技术，这种方式简单、平稳、安全。中高级滑雪者则多采用双板平行转弯技术，这种技术可在快速中停止。

滑降中控制稳定的条件与方法：

（1）降低重心①脚下板踩实，将自己变成"不倒翁"，左晃右摆倒不了。②压低姿势。③上体、上肢尽量缩紧，主要靠下肢用力控制雪板。

（2）控制重心移动范围①左右不超过两雪板的中心线。②前后不超过固定器的长度范围。③上限在通常状态，下限在胸、腰部以下。

（3）扩大支撑面积①使用长雪板、宽雪板。②在合理范围内加大双板间的横向及纵向的距离。

（4）增强滑雪者自身的调控能力

分析滑降中稳定的条件对学习转弯是十分有益的。为了更加稳定，不可能无限制地去降低重心，无限制地去扩大支撑面积，只有增强调控能力、限制重心的活动范围，才是行之有效的手段，才能发挥出主观能动精神。实际滑降或转弯中，条件是多变的，重心移动的范围很难锁定，时时都要人为地去调控，这种调控能力不是几个朝夕就能练就的，何况滑降稳定的条件变化是无限度的，每一位滑雪者都应清醒地选择与自己水平相符的坡度、速度、技术去滑雪，用自己已达到的滑雪综合能力去调整、控制。

转弯技术

利用相适应的动作方式使滑雪板不时地改变方向的滑降即为滑雪的转弯。转弯时雪板在雪面上运行的板迹是连续的"S"型曲线。转弯是高山滑雪技术的重点、关键和精华，蕴含着无穷魅力。

转弯技术分类

（1）按转弯技术动作幅度及滑行曲线的大小可大致分为超级大回转、大回转、回转。

（2）按转弯数量分有单一转弯、连续转弯（多个转弯连贯起来）。

（3）按转弯时雪板的板型及动作结构的不同分为犁式转弯、犁式连续转弯、半犁式转弯、半犁式连续转弯、双板平行转弯、双板平行连续转弯、踏步式转弯、蹬冰式转弯、蹬跨式转弯、跳跃式转弯、卡宾式转弯。

转弯技术的结构

通常把雪面留下的转弯弧迹（近似半月牙状）分为四个阶段（或三个阶段）。

（1）阶段划分及每阶段滑行状况：

①准备阶段（过渡阶段）。

准备阶段是连续转弯中上一个转弯的结束阶段。此时处于较低姿势的斜滑降状态，眼睛看准下一个转弯的方向及条件，集中精力，增强下一个转弯的意识。

②开始阶段。

滑雪者在开始阶段，雪板下的山坡坡度变小，速度降低，此时重心应靠前点。接着点杖并向前上方引伸，重心逐渐升高，雪板变向、变刃，交换重心，变换身体形态。

③滑进阶段（转弯阶段）。

滑雪者在滑进阶段（也可称之为转弯阶段），雪板所处位置的山坡坡度变大，速度增加，此时引伸动作结束（身体姿势几乎是站起来）。此阶段有个沿滚落线直下滑的瞬间过程，速度必然增快，之后重心开始向下降低，重心前后居中。这个阶段，雪板脱离滚落线的瞬间切入雪面，踏住外板滑行，形成反弓姿势，重力得到了充分利用。

④结束阶段。

转弯结束阶段，别误会是转弯结束。这个阶段很关键。重心逐渐在前进中降低，雪板压力最大，雪板向上的曲度也最大。体重移在外板上，应充分利用滑进阶段所形成的惯性、速度，克服离心力，维持住转弯的状态。完成转弯后进入下一个转弯的准备阶段。

（2）四个阶段的内在联系：

①重心的高度（身体姿态的高低）：由低（通过点杖引伸）逐渐升

高（在通过滚落线瞬间为最高），之后又逐渐降低。

②重心的前后：由（开始阶段）靠前逐渐过渡到中间（滑进阶段），一直保持到结束阶段（必要时有稍微的后移）。

③雪板承重：从开始阶段逐渐减重到集中承重有一个过程，滑进阶段后程与结束阶段前程为最大。

④结束阶段的后半程就是下一个转弯的开始。

犁式转弯

犁式转弯是高山滑雪转弯的重要基础技术。犁式转弯是在犁式直滑降的基础上，向一侧雪板移动重力（或增大一侧雪板的立刃或加强一侧腿部蹬转力，改变雪板迎角）的方式，左、右轮换地强化主动板的作用，达到左右转弯。犁式转弯是滑雪转弯的"源头"，对进一步学习、掌握其他转弯技术有非常重要的意义。犁式转弯给人一个相对"静态"的感觉，身体各部分动作幅度很小。

犁式转弯的动作要领：以移动重力方式向右、左的连续犁式转弯。

①以犁式直滑降的姿势为前提，左右腿与雪面仍然保持三角形，不要后坐。

②逐渐向左侧雪板移动重心（加大左雪板重力），此时右雪板减轻负重或不负重。

③左雪板必然开始向右自然转弯，成为转弯的主动板，同时右雪板被动地跟随着左雪板向右转动，成为从动板，上体尽量保持面向山下。

④向右转弯完成之后，延续一段向右的犁式斜滑降。

⑤向左转弯之前可进行"引伸"。

⑥逐渐向右侧雪板移动重心（加大右雪板重力），此时左板负重减轻或不负重。

⑦右雪板必然开始向左自然转弯，成为转弯的主动板，同时左雪板被动地跟随着右雪板向左转动，成为从动板，上体尽量保持面向山下。

⑧向左转弯完成之后，延续一段向左的犁式斜滑降。

⑨初学阶段滑雪杖不参与转弯动作。

⑩视线要与转弯方向大致相同。

⑩力求始终保持住双雪板的基本犁式状态及身体外形的犁式滑降姿势。

实现犁式转弯的方法：

①犁式直滑降状态中向一侧雪板移动体重（横移重心），促使该雪板成为主动板，便形成犁式的自然转弯。

②在犁式直滑降状态中加大一侧雪板的立刃，使其产生较大的雪面阻力，促使该雪板成为主动板，便形成犁式的转弯。

③在犁式直滑降状态中，强化一只雪板的蹬转力，使该雪板形成迎角变为主动板，实现犁式转弯。

犁式转弯的注意事项：

①在犁式转弯的练习中，时时注意保持犁式直滑降姿势基本不变。

②在练习中始终注意主动板的立刃与用力。

③身体各部位均不应有多余的动作，否则会影响整体外形与平衡。

④上体跟弯跑、立不住雪板刃、大弯腰、滑雪杖拖地都是错误的犁式转弯动作。

半犁式转弯

半犁式转弯是两只雪板中一支板呈直滑降板型，另一只板呈犁式滑降板型的转弯。呈直滑降板型的雪板一般称为从动板，呈犁式滑降板型的雪板则称为主动板。在转弯时向主动板上移重心或加压或强化立刃都可进行转弯。半犁式单个转弯是半犁式连续转弯的基础。半犁式连续转弯与犁式连续转弯有相同之处，半犁式单个转弯的板型是由犁式板型与双板平行板型组成的。

半犁式转弯的四种方式：①单个转弯。②连续转弯。③山下侧板推出的连续转弯。④山上侧板推出的连续转弯。

半犁式转弯的应用范围：①广泛应用于中坡与陡坡，可在很高的速度中灵活运用，适应多种雪质。②通过半犁式转弯可以体验转弯时身体姿势、平衡的调整。③通过半犁式连续转弯的练习，可以提高重力移动、用力程序及雪板的移出、变刃、收并等动作的控制能力。

山下侧板推出的半犁式转弯：在上一个转弯结束后，体重大部分在右板上，山下侧板（左）向山下侧推出，雪板成半犁式。在推出时，应体验到用板刃将雪削掉一层的感觉。推出动作结束，雪板刃刻雪面。利用瞬间连续完成的推动——结束——刻雪面的反作用力收板，其中应注意的是刻雪动作是通过整个脚来完成的，收腿是借用雪面的反作用力进行的，收腿时应有积极向前方边滑边移动的意识。接下来进入转弯结束阶段（双板平行的斜滑降状态），并准备下一个转弯的开始。

程序如下：

①向左转弯

a. 呈向右双板平行斜滑降姿势滑行，右板为山上板，左板为山下板。

b. 体重大部分在左板（山下板）上，左板用内刃蹬住雪板，并向山下推出（推出时，有用雪板刃将雪削掉一层的感觉），同时右板（山上板）放平向前滑行，双雪板成半犁式滑降状态。

c. 左板推出后借反作用力提起向右板并靠，同时右板立刃加大承重，向前滑行，此时正是沿滚落线下滑的阶段，接着左板收并结束。

d. 双板同时滑行，结束向左的转弯，进入向左侧的双板平行斜滑降。

e. 整个向左转弯的过程中，右雪板（原山上板或外侧板）始终处于滑行状态，而左雪板（原山下板）处于推出——收提——并靠——变刃——着雪几个变化的动作。

②向右转弯

a. 呈偏左双板平行斜滑降姿势滑行，左板为山上板，右板为山下板。

b. 体重大部分在右板上，右板用内刃蹬住雪板并向山下推出（推出时有用雪板刃将雪削掉一层的感觉），同时左板（山上板）放平向前滑行。双雪板呈半犁式滑降状态。

c. 右板推出后借反作用力提起向左板并靠，同时左板立刃加大承重向前滑行，此时正是沿滚落线下滑的阶段，接着右板收并结束。

d. 双板同行滑行，结束向右的转弯，进入向右侧的双板平行斜滑降。

e. 整个向右的转弯过程中，左雪板（原山上板或外侧板）始终处于滑行状态，而右雪板（原山下板）处于推出——收提——并靠——变刃——着雪几个变化的动作。

f. 再接着向左转弯。

山上侧板推出的半犁式转弯：山上侧板向外推出成半犁式，边推出边移体重。应利用踝关节的伸展使重心稍上升，推重心要自然、放松。雪板推出结束并保持雪板状态不变滑入滚落线。接下来处于转弯调节阶段的外侧板主要承担体重，内侧板开始收腿，从滚落线滑出逐渐进入准备下一个转弯的准备，加大外侧板的蹬雪力量。收板结束（进入双板平行的斜滑降状态），进入转弯的结束阶段。

程序如下：

①向左转弯

a. 呈向右"斜滑降"姿势滑行。

b. 滑行中，右雪板向右外侧推出成半犁式，同时点左雪杖并向前引伸，体重随移出动作同时向右雪板移动。

c. 右雪板推出结束，即承重滑行，保持半犁式板型的状态不变，滑向滚落线。

d. 左雪板收并，加大右雪板的蹬踏力量，重心降低。

e. 进入向左侧的双雪板平行斜滑行。

②向右转弯

a. 呈向左侧的"斜滑降"姿势滑行。

b. 边滑行左雪板边向左外侧推出成半犁式，同时点右雪杖并向前上引伸，体重随推出动作同时向左雪板移动。

c. 左雪板推出结束，即承重滑行，保持半犁式板型的状态不变，滑向滚落线。

d. 右雪板收并，加大左雪板的蹬踏力量，重心降低。

e. 进入向右侧的双雪板平行斜滑行。

f. 再接着向左转弯。

（5）半犁式转弯的注意事项：

①防止转弯时引伸过大。

②防止上体过度外倾。

③撑杖不要离身体过远。

④转弯时减少移板时的脱滑。

⑤注意转弯时推板与体重移动的协调配合。

蹬冰式转弯

蹬冰式转弯是在蹬冰式加速滑行的基础上演化而成的转弯技术，属无弧转弯。蹬冰式转弯技术与蹬冰式加速技术雷同。蹬冰式转弯改变方向快捷，可边滑、边动作、边加速。

蹬冰式转弯的动作要领：

不撑雪杖的向左、右连续转弯的动作要领是①左雪板登动提起，右雪板单独承重滑行。②提起的左雪板向左转动成一定角度。③右雪板迅速用内刃横蹬动，左雪板增大转动角度，落地承重滑行，右板提起与上体一起向左前跟随。此时完成了向左的转弯。④提起的右雪板再向右转动成一定角度。⑤左雪板迅速用内刃横蹬动，右雪板增大转动角度落地承重滑行，左板提起与上体一起向右前跟随。此时完成了向右的转弯。

蹬冰式转弯的注意事项：①因蹬冰式转弯动作迅速，处于动的状态，稳度差。②重心始终要跟住转弯的速度和方向。

高山滑雪转弯的基本原则

（1）重心不落后。

（2）上体面对滚落线方向。

（3）"纯"下肢用力。

（4）山下板为主承担体重。

（5）躯体各环节的重心要集中，保持总重心与前进方向一致。

滑雪索道

高山滑雪的雪道起点在山上，要借助机械，上山的输送索道有很多种，每个雪场的各级雪道边上都有输送索道，索道主要分为封闭型和开放型两种形式，乘坐封闭型索道要将滑雪板与滑雪靴分离，将滑雪板、滑雪杖用松紧带捆绑在一起携带，以避免在下车时将其中某件器材遗忘在索道上。

目前，我国大部分滑雪场的滑雪索道是开放型，可分为乘坐式和牵引式两种。其中我们常见的牵引式中又有腿夹式、托臀式、托腰式等几种。滑雪者在上下开放型索道时，索道本身是不停止运行的，即滑雪者要在索道运行中完成上下。

传动式

传动式一般用于最基本的初滑者。滑雪者站立，将两脚平行置于传动带上，靠传动带向上运行，像自动电梯一样。转动带一般速度很慢，传送线路也很短，靠传动带向上运行，像自动电梯一样。转动带一般速度很慢，传送线路也短，坡度也较平缓。相对来说，传动式没有什么难度，但是一般在国内雪场不多见。

腿夹式

腿夹式为缆绳输送，一般用于初、中级雪道的输送，相比传动式路线长一些。掌握起来有一点难度，初学者第一次上去会有一点恐惧感。不过，如果掌握动作要领，身体保持放松，还是很容易学会的。

动作要领：当缆绳的托杆快到时，两脚平行站立在输送管道上，双腿微屈，将两只滑雪杖握在一只手中，转头两眼注视索道托杆把手的运行，右手准备抓把手。抓住把手后，顺势将它放在两腿中间。快到终点时，身体半下蹲让把手从腿中间出来，然后松开把手，离开索道。

注意：由于托杆有相当的伸缩性，在完成抓住托杆把手，将其放入两腿中间的动作时，不必忙乱，完全可以从容不迫地完成。在缆绳运行时，腿要夹紧，身体略微后仰，使身体重量直接作用在把杆上。到达终点后，一定要先松开把手，再离开索道。

托臀式

托臀式同样为缆绳输送，类同于腿夹式。

动作要领：两脚平行站立于输送道，两腿微弯曲，两只滑雪杖握在一只手中，置于体外侧。上身向右转（左转），右手准备抓手把。抓住手把后顺势将它置于臀下。上体伸直，腿也要伸直。到终点时，松开把手，滑离索道。同腿夹式一样，有些雪场还有一种托腰式，更简单一些，但动作的基本原理相同。

注意：在运行过程中，不要坐在手把上，否则你会摔倒。应该上体伸直，腿也要伸直，身体略微后仰，使身体重量直接作用在托杆上。

座椅式

座椅式就是我们常说的缆车输送，一般用于高级雪道的输送。座椅式的速度快，输送路线也较长。

动作要领：滑到输送道的起点，将两只滑雪杖放在一只手上，两脚平行站立，头转向没拿滑雪杖的后侧看座位。当吊椅快到身体后时，屈腿顺势坐到椅子上。坐稳后放下吊椅前的护栏。快到终点时，提前打开护栏。到终点时，双脚落地，身体向前离开吊椅，接着滑出索道终点区。

注意：快到终点时，要提前打开护栏。当双脚落地后，身体向前离开吊椅时，身体放松，不要紧张，重心要向前，不要后坐。

如何乘坐滑雪索道：在高山滑雪场滑雪，乘坐滑雪索道是每一名滑雪爱好者必不可少的经历。在使用乘坐式索道时，应检查滑雪板、固定器是否牢固后，再将滑雪杖的绳套套在手腕上，然后将滑雪板平行移至运行索道的上车站，面向索道的运行方向站立。

在索道的吊椅护栏轻轻放下后，将滑雪板放在吊椅的踏板上。

注意：勿将滑雪板直接吊在座椅下，以防固定器未锁紧时，滑雪板脱离。且不可不套绳套，而直接用手持握滑雪杖，那样雪杖极易脱落。初学者常犯上述错误。

在索道运行至下车站 10 米左右时，应将滑雪板提离吊椅踏板，打开护栏，同时身体稍向前移动，滑雪板与地面呈水平状，双手紧握滑雪杖，并向上抬起。

注意：此时滑雪杖绝不能与地面接触，以防在索道运行中将滑雪杖折断。

在滑雪板与雪面接触后，稍微将臀部抬起，双脚踏实雪面的同时用力向后撑雪杖滑行，即可安全脱离索道。

注意：人与吊椅分离后，必须用力撑动雪杖向前滑行；如站在原地不动，运行中的吊椅会将人刮倒。离开索道后，尽快向前滑行，以给后面的人员让出下车空地，防止相撞。

越野滑雪技术

越野滑雪过程中采用的技术，通常有自有技术、传统技术。基本技术包括站立姿势、原始改变方向、平地滑行技术、登坡技术、下坡技术和自由式平地化技术等。

基本姿势

原地站立姿势

原地站立姿势常用于平地站立，它是滑雪的准备姿势，特点是动作简单，容易掌控。

动作方法：雪杖分立并插于雪板两侧，目视前方；两雪板平行，间距不超过胯宽，身体重心居中。

技术要点：身体要放松，雪板共同承重，压力均匀。

错误纠正：动作紧张，同时两板不平行。因此，应使身体放松，并保持两板平衡，使身体重心、压力均匀地落在板上。

斜坡站立姿势

斜坡站立姿势常用于在高山斜坡上站立，是越野滑雪初学者必须掌握的基本动作之一，特点是能够较稳地站立于山坡上。

动作方法：双雪板平行横在山坡上，山上板较山下板位置略高，并且略前于山下板半脚距离；双膝略向山上侧倾斜，山下板立住，内刃承担体重并刻住雪面，山上板立住，外刃刻住雪面；上身略向山下侧，与立刃的雪板对应横倾斜和转向。

技术要点：斜坡站立时，两脚必须横向站立在坡陡的山道上；两腿略弯曲，出现突发情况时可快速做出反应。

错误纠正：两腿直立时，板刃没有刻在雪上。因此，应两腿略弯曲，立刃的雪板与山下垂直。

练习方法：体会身体重心的支撑；在平地和缓上坡线路中做练习；在平地和缓坡地段做大幅度动作的练习；在坡上进行练习，动作幅度略小，膝部弯曲略大；在不同坡面上运用不同蹬撑幅度进行练习。

导入技术

原地改变方向

掌握原地改变方向的技术，是自如地进行其他各种练习的前提。原地改变方向包括"V"字形转向和180度变向等。

"V"字形转向

"V"字形转向常用于在平地上静止状态下改变方向，特点是动作简单，容易掌握。

动作方法：左侧板尖向外展开；右侧板向左侧板靠拢；两雪杖在板尖外展时，支撑在体后。

技术要点：初学"V"字形转向时，雪板展开的距离不宜过大，随着对雪板的适应能力的加强，再逐渐加大展开的距离。

错误纠正：

雪板展开距离过大，重心跟不上。因此，应注意缩小雪板展开距离，适应后逐渐加大展开的距离。

180度变向

180度变向常用于在斜坡面上静止状态下改变方向，特点是变向较快，实用性强。

动作方法：双板平行站立，两杖在体前侧支撑；右腿支撑重心，左板向前抬起直立，双杖在体侧支撑；上身左转的同时，直立的左板以板尾为中心向左侧下方转，并着地；放左板的同时，左雪杖移至右板外侧支撑；重心移至左脚板和右雪杖抬起移向与左板平行的同一方向，两雪杖支撑在体前侧。

技术要点：掌握重心的移动和雪板抬起的时机。

错误纠正：抬起腿移动雪板时，动作幅度过大及速度过快，使身体重心不稳。因此，动作幅度及速度应适中，稳定重心。

踢板转向

通过反复练习基本上掌握了雪板性能后，平地或坡地转向 180 度时，可用踢板转向法。

动作方法：双板平行站立，背向要转的方向，将两杖张开插地，用一只脚向前踢起并上扬使板直立于雪面，同时将同侧雪杖向身后转移，并将立起的雪板就势向外再向板尖方向放下靠在另一支板侧，此时两板恰呈相反方向；将重心放在刚落地的雪板上，然后再将另一脚的雪板雪杖提起并转体 180 度后放落在先落地雪板一侧，雪杖随之插在已转向过来的体侧，这就完成了原地转体 180 度的变向动作。

技术要点：在坡面用此法转向时，要使身体侧向坡面，而且必须用谷侧脚先行踢转。此时山侧雪杖要撑住；山侧板的外刃，必须卡入雪面，以防下滑。

错误纠正：抬起腿移动雪板时，动作幅度过大和速度过快，使身体重心不稳。因此，应注意动作幅度及速度适中，使重心稳定。

练习方法：做变向和 180 度转向练习，保持直立姿势并向左右脚交替移动重心；运动员要在原地转体至某一方向时，左右腿各转 3 次；在坡面用此法转向时，要使身体侧向坡面，而且必须用谷侧脚先行踢转，此时山侧雪杖要撑住山侧板的外刃，必须卡入雪面，以防下滑。

平地滑行技术

平地滑行技术指基本滑行技术动作，包括移动动作、直线向前走动、跌倒后起立、变换滑行方向、两步交替滑行、同时推进滑行、跨一步同时推进滑行、跨两步同时推进滑行变换雪辙滑行、单蹬式滑行。

移动动作

移动动作一般为平地横向移动即在平地上向侧方移动，常用于滑雪前找到雪道或平行移动，动作简单易学、容易掌握。

动作方法：在平整的雪面上站立，侧对前进方向；双雪杖直插于体侧远一点的地方，一只板承重，提起另一只向承重板横移，然后落地，双板平均承重。

越野滑雪选手

技术要点：双雪杖提起侧移，要为下一个移板动作留出空间，不要影响雪杖的移动。

错误纠正：重心没有跟上雪板移动。因此，应注意身体重心在雪板落地站稳时要跟上。

练习方法：可按直线登坡的方法进行；为体现节奏性，在练习时可口喊"1、2、3"或心数。

直线向前走动

直线向前走动是初学者必须掌握的一项基本技术，动作简单，容易掌握。

动作方法：穿上雪板后双手持杖，两板内距为15厘米左右，像走路一样往前行走，两手持杖随走动配合撑杖；走动时，身体重心要完全落在支撑腿和脚上；向前走动时，身体重心落在支撑板后面，要能向前滑动一定距离。

技术要点：初学者首先要适应穿滑雪板在雪地上移动的条件与要求；初学者走动时步幅要小，随着对雪的适应要逐渐增大步幅；左腿蹬动后，重心马上移至右脚上，使之延长滑行距离；蹬动力反向应与雪板纵轴垂直，应尽量使用内刃蹬动，出板角度尽量缩小；尽量使关节向外侧平移，使上身与前进方向平行，以保持身体平衡。

错误纠正：步幅过大，上身与前进方向不平行。因此，应注意走动时步幅要小，使上身与前进方向平行，以保持身体平衡，尽量使关节向外侧平移。

练习方法：两腿交替进行一步一撑练习；平地练习时单脚滑行距离可略长些，用撑杖减速。两杖的前摆及插杖要与滑行距离相配合；在平地和缓坡地段练习中，单腿自由滑进时膝部略伸直，上身抬起带动两杖前摆，这样可达到上身直屈交替、膝部屈伸交替与臀部撑摆交替、用力、放松相结合的目的。

跌倒后起立

跌倒后起立是在滑行跌倒后，重新站立进行滑行时所必须掌握的技术动作。

动作方法：上身抬起，双腿尽量屈膝靠近臀部，并使双板平行，与上身的正面约呈直角；单手或双手将上身推起至下蹲位置，如用手不方便，也可用双杖支撑站起。

技术要点：如果是在山坡地段跌倒，首先要将下肢移至山坡的下方，并将双板与下滑方向呈直角并行放置在雪面上，用双板刃部蹬住雪地，再按平地起立的动作方法进行；如果上述方法不容易站起，可将雪板固定器打开，使雪板与雪鞋分离，站起后再将雪板固定好。

错误纠正：双腿离身体重心过远，无法用力。因此，双腿应尽量屈膝靠近臀部，双手同时用力，按动作方法的要求去做。

练习方法：尽量屈膝使双板平行并与上身正面呈直角，靠近臀部；用单手或双手将上身推起至下蹲位；如用手不方便，也可用双杖直撑站起；如果在山坡地段跌倒，首先必须将下肢移向谷侧，使双板与下滑方向呈直角，平放在地面，并用双板的山侧刃部卡住雪面，再按平地站立的方法进行。

变换滑行方向

变换滑行方向是在滑行时需要交换方向或转弯时必须掌握的一项技术，包括跨步转向和 180 长转向法。

跨步转向法

动作方法：将双板按着正"V"字或倒"V"字的方法跨步变换方向。

技术要点：腿部膝关节不宜伸得过直；转向时，头脑保持清醒，动作干净利落。

错误纠正：重心没跟上，两板容易重叠并摔倒。因此，重心应跟上，注意控制好雪板。

180 度转向法

动作方法：将一条腿向前抬起至雪板后部完全离开雪面，然后将该腿向外侧旋转，使雪板尖旋转 180 度，身体重心落在该雪板上，另一只板再旋转 180 度，使两只板保持平行。

技术要点：注意重心移动和雪杖抬起和移动的方向。

错误纠正：抬起腿移动雪板时，动作幅度过大和速度过快，使身体重心不稳。因此，应注意动作幅度及速度适中，稳定重心。

练习方法：在缓坡地段，做不持雪杖的转向练习；在缓坡地段，保持正确姿势持杖变向和 180 度转向；在不同坡度地段，做变向和 180 度转向练习；在下滑过程中做左右转向的练习；保持下滑姿势并向左右脚交替移动重心。

两步交替滑行

两步交替滑行是一种在平地滑雪中调整滑行速度的技术动作，易被初学者掌握。两步交替滑行是运动员的脚与手交替，各做两次蹬动及撑杖动作的一个周期性滑行方法。这是传统技术中利用率最高的滑行方法。

动作方法：蹬动是支撑腿由自由滑转入停板期，立刻伸直髋关节，开始蹬动。腿部的用力近乎于垂直向下，膝关节蹬直时用力最大。蹬动时尽量使全脚掌用力。

撑杖开始时，应屈臂，撑动方向尽量向后，而不是落在雪杖的轴心上，以便尽量利用向后的水平分力，产生较大的推进力，使雪板加速前滑并增大步幅。身体左右晃动过大或撑杖侧向外倾斜过大都是不正确的。撑杖将结束时，用手继续推握把，已达到充分撑杖的作用。撑杖结束后，应张开手指并放松，以便用拇指和食指带动雪杖向前摆动。

摆腿是蹬动结束时，将小腿适当地高抬，使脚尖距雪面 15～30 厘米，这样有利于向前摆腿。加快摆腿的速度可产生更大的动能，有利于前冲。摆腿与对应手的插杖几乎是同时开始的。当摆腿达到与支撑腿相并立的部位时，尽量缩小膝关节的弯曲度，以便增加步频。向前摆腿时，支撑腿还应积极地向前送髋，这样既可以提高摆腿和蹬动的幅度，也不会使重心滞后。

摆臂是两次撑杖之间的动作。撑杖结束后，摆动的手部要接近膝关节高度。完成摆臂时，身体要有较小转体动作，以增加摆臂的幅度和撑杖距离。

自由滑进是蹬动及撑杖动作结束后，身体重心应平稳地移至支撑板上并自由滑行。在雪板滑进时，身体切忌做向上的加速动作，否则将产生向下的压力而加大对雪面的摩擦力。

插杖是在雪杖插到雪面以前，前臂上抬，使手与下颌平齐或略高，杖尖也略高于雪面，以便利用身体重心将雪杖插入雪面前，靠近雪板，并向后推撑。

技术要点：上身前倾，右脚用力向下后方蹬动（最后雪板尾抬起），身体重心落在右脚上，向前滑行，右膝略屈；左臂尽量向前摆出，使杖尖落在右脚附近，左手用力向下后撑杖，同时左脚向前跟出，身体重心快速移出左脚；两膝进一步蹲屈，身体重心完全移至左脚上，右脚开始蹬动，手继续前摆，蹬动幅度为 70～75 厘米；两步交替滑行适于在平地和中小坡度地势上使用。

错误纠正：单脚滑行时，由于膝部弯曲不够，而形成的身体重心线落后，影响滑行距离。因此，应注意：单脚滑行时，避免由于膝部弯曲不够而造成身体重心线落后，影响滑行距离；在整个两步交替滑行的全过程中，上下肢要做到用力与放松交替，上身前倾，目视前方 6~7 米处；右板向前滑行并利用内刃进行有效地蹬动，接着将重心移到左侧板上并承担体重向前滑行，同时两侧杖推撑，但左侧杖的推撑力要大于右侧杖；这种滑行方法连续若干次后，应调换至另一侧再开始。

练习方法：进行两步交替滑行的徒手模仿练习，此项练习是不穿雪板、不持杖在雪上行走，这对掌握两步交替滑行技术十分重要，必须反复练习来熟练掌握；进行手不持杖的两步交替滑行模仿练习，这项练习非常重要，特别是初上雪的时期需要较多的时间练习，最好能在有雪槽的线路上进行练习，通过反复练习，能熟练地掌握动作要领，就可以顺利地转入两步交替滑行练习；在平地有雪槽的线路上做小步幅交替滑行练习；在同样的线路上做略大步幅交替滑行，体会身体重心的移动；在平地和缓上坡路线中做连续滑行练习；在下坡路的线路上滑行，做加快动作频率的练习；练习的中后期，可以适当地采用计时测验和比赛方法进行练习。

同时推进滑行

同时推进滑行是运动员双板借助双杖向后推撑的力量使雪板向前滑进的方法。这种方法适用于平地滑行和缓坡滑行。

动作方法：两臂放松，双手向前摆至头部高度，杖尖指向板尖处，最后杖尖落至脚尖前部。杖尖着地后，要将身体前俯的力量通过肩、臂及手掌加在推撑掌上；为了加大向后推撑的水平分力，当双手将推至腿部时，应尽量弯腰屈膝，使推撑手的高度降至膝部以下，这样效果会更好；撑杖结束后，双臂后上摆，手指张开放松，随着上身的抬起，带动双臂向前摆动，此时雪杖是有张开手指的手掌牵动着雪杖向前摆动的；在两杖反复推撑过程中，两膝配合做相应的屈伸动作，以维持滑进中的身体平衡。

技术要点：为了加快速度，在平地或缓下坡，可用此滑行方法；感到疲劳时，为了节省体力，在缓下坡滑降时可用此方法，插杖点可略前些；当滑进的速度大于双杖向后撑动的速度时不宜使用此方法，因为运动员将找不到支点，来不及撑杖。

错误纠正：插杖点和落杖点过于向前，用不上力。因此，应注意插杖点和落杖点的位置，以及撑腿和滑行两个阶段的交替节奏。

练习方法：同时推进滑行与其他滑行技术相比，其技术结构比较简单。向前滑行时主要靠推撑力，因此应将如何加强推撑力作为学习的重点，注意动作方法的掌握。在平地及缓坡（4～5度）进行运用和体会，要提高推撑与滑行两个阶段的连续性及节奏性，最后完整地掌握此项滑行技术。

在平地有雪槽的线路上做小幅度的撑动练习；做加大身体前倾的动作并向后推撑的滑行练习；上身前俯撑杖和腿略屈伸相配合，做推撑滑行练习；通过缓坡下滑练习，体会快速滑行条件下的动作方法及节奏性，重点是插杖点和落杖点的位置，以及推撑和滑行两个阶段的交替节奏；中、后期可适当进行起跑及冲刺阶段的练习。

跨一步同时推进滑行

在同时推进滑行的基础上，要进一步加速，可在撑杖之后向前摆杖时，用一只脚加力蹬动，同时重心移至另一只板上滑行。如此有节奏地反复进行撑杖与蹬动。

动作方法：两板平行向前惯性滑进，当双臂向前摆至头部高度时，上身前俯下压插杖，接着双手进行有力的撑杖；撑杖结束，上身抬起并带动双手前摆，蹬动脚开始蹬动，同时将身体重心移至另一板上向前滑进；蹬动与撑杖应是有节奏地交替进行，这样既可以省力又可以调整呼吸。

技术要点：

平地或缓下坡推进滑行中，需要加速或调整呼吸时可用此方法，滑进中要调转方向时也可用此方法；双杖推撑的同进，右脚蹬动并移重心至左板；左脚向前滑进，右脚蹬动后向左板靠拢；自由滑进的左脚再蹬动，同时开始撑杖。

错误纠正：双杖推撑的同时，脚没有蹬动，重心没有移动。因此，应在双杖推撑的同时，右脚蹬动并移重心至左板。

练习方法：同时推进滑行与其他滑行技术相比，其技术结构比较简单。向前滑进时主要靠推撑力，因此应将如何加强推撑力作为教学训练重点，注意抓要领的掌握。在平地及缓坡（4～5度）进行运用和体会，要提高推撑与滑行两个阶段的连续性及节奏性，最后完整地掌握此项。

在平地有雪槽的线路上做小幅度的撑动练习；做加大身体前俯动作并向后推撑的滑行练习；上身前俯撑杖和腿略屈伸相配合，做推撑滑行练习；通过缓坡下滑练习，体会快速滑动条件下的动作及节奏性，重点是插杖点和落杖点的位置，以及推撑和滑行两个阶段的交替节奏；中、后期可适当进行起跑及冲刺阶段的练习。

跨两步同时推进滑行

跨两步推进滑行是指在两腿各蹬一次后，再进行两杖同时推撑的滑行方法。在两脚交替各进行一次蹬动之后，接着再进行一次同时推撑的周期性滑进动作。

动作方法：当两杖推撑完后，向前摆动时，雪杖要有摆－拍的时间，然后再落地进行推撑；进行两步滑行的第一步后，第二步要承担起全身重量，否则会引起摇晃；为更好地掌握节奏，可在心中数"1、2、3"，当数到"1"和"2"时各滑一步，"3"时推撑；两脚滑行时吸气，两杖推撑时呼气。

技术要点：在遇到较长的一段平坦地段时，一般可采用该技术滑行；可以通过变换滑行方式的方法，调整体力；在第一次蹬动的同时，对应的手向前摆杖，但不落地，而是在空中略等；待第二次蹬动时，再将双杖同时插地，然后推撑。

错误纠正：蹬动的同时对应的手摆杖配合不好，没有双杖同时插地推撑。因此，应注意技术要点，加强动作的协调性。

练习方法：在平地有雪槽的线路上做小幅度的撑动练习；加大身体前俯动作并向后推撑的滑行练习；上身前俯撑杖和腿略屈伸的动作相配合，做推撑滑行练习；通过缓坡下滑练习，体会快速滑行的条件下的动作方法及节奏性；重点是插杖点和落杖点的位置，以及推撑和滑行两个阶段的交替节奏；中、后期可适当进行起跑及冲刺阶段的练习。

变换雪辙滑行

变换雪辙滑行是指在经过整理的雪道上，一边滑行一边改换到另一条雪辙上的滑行方法，常用来避开滑行前方的障碍。

动作方法：在变换雪辙前，为了保持或加快速度，先进行一次两杖同时的推撑；将身体重心移到右脚上，提起左脚板尖指向左前方，再将重心移至左脚；当右脚到达右侧雪辙时，马上将右板放在雪辙内，并支持体重，接着将左板也放在左侧雪辙内，两板在共同承担体重；再用两杖同时推撑一次，加快速度。

技术要点：支杖时，应避免把雪杖支在脚上；变换雪杖时，一定要保持身体的平衡。

错误纠正：速度较慢，重心移动没站稳时急于移动另一只脚，容易摔倒。因此，应注意运动中的节奏和动作方法的掌握，逐渐加快速度。

单蹬式滑行

这是一种在平地或缓坡滑行的有效方法。

动作方法：用右腿雪板内刃向侧内用力蹬动，两杖同时向后推撑；蹬动结束后，重心移向左侧板并承担体重向前滑进；双杖同时前摆；左板向前滑进一段距离后，重心向右倾，右板着地后，准备再一次蹬动，两杖前摆插地；右脚准备再一次蹬动，两杖插入板尖两侧。

技术要点：支杖时，应避免把雪杖支在脚上；变换雪杖时，一定要保持身体的平衡。

错误纠正：滑雪板与雪杖配合不一致。因此，应左板向前滑进一段距离后，重心向右倾，右板着地后，准备再一次的蹬动，两杖前摆插地。

练习方法：这种滑行方法虽然比较简单，但却有很大的使用价值，如短距离的加速滑行、弯道滑行及较窄路线地段的过人加速滑行等。由于这种滑行只用一侧脚连续蹬动（左右脚均可），因而身体重心的左右移动距离较小，前进的效果较好，并可节省体力。

在平地上进行小幅度的单板蹬动练习；配合撑杖，进行单板蹬动练习；两人一组互相跟进滑行，并向对方提示动作的正误；配合用力撑杖，进行大幅度单板蹬动的练习；两只脚均进行单板蹬动的练习。

登坡滑行技术

平地滑行和登坡滑行很不一样，登坡时要增加使身体向上的做功，它是由大腿肌肉来完成的。运动员要根据坡度的急缓和雪质的不同来选择不同的登滑技术。在登坡时还需注意节省和合理分配体力，勿使身体感到过分疲劳。

直线登坡滑行

直线登坡滑行是上坡时常用的一种技术方法，特点是滑行快速有效。

动作方法：登坡时上身不要过分前倾，防止雪板向后脱滑；两雪杖落点要在身体重心线之后。

技术要点：原则上可采用平地滑行的方法，重要的是防止雪板向后滑脱，因此，要打好防滑蜡，缩小步幅，加快节奏，重心移动要跟上节奏；

登坡时上身不要过分前倾，防止雪板向后脱滑，两雪杖落点要在身体重心线之后；坡度越大，步幅要越小，以免脱滑。

错误纠正：上身向前弯曲过大蹬动无力。因此，上身应略微前倾，蹬动时膝关节要伸直。

练习方法：利用两步交替技术，做小步幅登坡练习；在略陡的坡上做登坡练习，雪杖向后斜插，防止下滑；分别在不同坡度地段进行练习，以掌握蹬动步幅和推撑力量。

两步交替登坡滑行

在坡度较缓、雪板不能自行下滑的雪面地段，可采用两步交替登滑。

动作方法：上坡时上身应略直立，以减少水平分力的损失，有利于登坡；蹬动的时间比平地滑行要长，蹬动后脚不要高抬，以免影响向前摆动；上坡时的摆腿与平地不同，摆腿的时间要缩短，而且更加用力，为了节省体力，膝关节要更弯曲些；上坡时插杖要轻，落点要向后移，肘关节伸直要晚些，手要明显高于膝关节，撑杖结束后，手不要向后上方摆，撑杖的时间要比平地长，因而撑杖要比蹬动结束晚，撑杖主要的作用是支撑身体，防止下滑，有效的撑杖还会加大步幅；摆臂应及时开始并快速完成，摆动的手臂摆至腿部时，肘关节要屈，而且要摆得略高些。

技术要点：上坡时步频不需要明显加快，由于膝关节弯曲度大，登行效果较好；两杖用力不同，滑行板侧用力较大，雪杖也不应对称；随着坡度的增大，两步一撑第一步滑行距离较短，能起到过渡作用。

错误纠正：膝关节直立。因此，应注意膝关节要更屈些；雪杖用力对称。因此，应注意上坡时插杖要轻，落点要向后移，肘关节伸直要晚些，手要明显高于膝关节。

练习方法：在平地上做小幅度、慢频率的蹬滑动作，以体会上、下肢配合的练习；为了体现节奏性，在练习时可口喊"1、2、3"或心数；在平地和缓坡地段做大幅度蹬撑动作的练习；在缓坡上进行练习，动作幅度略小，膝部弯曲略大；在不同坡面上运用不同蹬撑幅度进行练习。

斜线登坡滑行

斜线登坡滑行是在上坡坡度非常陡峭时常用的一种技术方法。

动作方法：山上侧一方的板刃略用力刻进雪面，将身体侧对山坡，山上侧腿屈膝向斜前方迈进；雪杖前摆，落在前后脚中间一带，用山下侧雪杖支撑身体，防止向后脱滑；基本动作与直线登滑相同，但路线方向为斜前方。斜蹬时，利用两板山侧刃部，使之卡住雪面向前蹬撑，防止下滑或侧滑；插杖要落在两脚前后的中间地点，勿过分向前落，后杖要在腰后支撑住，防止下滑。

技术要点：遇到倾斜度较大的山坡，用直线登坡滑行有困难时可运用这种方法；如果坡度大、距离长，可走"之"字线路；缓坡斜线登坡，遇到略陡些的地段而且幅面较宽时，可采用两步交替斜线登滑的方法，以避免消耗更多的体力，当登滑至一定的宽度时，可转向另一侧，如此反复，成为"之"字登滑。

错误纠正：有可能向后脱滑。因此，应使雪杖前摆，落在前后脚中间一带，用下山侧雪杖支撑身体。

练习方法：由于这是在直线登坡有困难的条件下才采用的方法，故在教学练习时，要选择适当的坡面地段，主要是坡面的宽度，否则就不适于进行这种登坡方法的练习；可按直线登坡的方法进行；当斜线登行至需行至需要变换方向的地点时，在使用"踢板转向法"之前，先将双板调整与山坡垂直且双板平行的位置，然后再进行180度的方向变换。

阶梯式登坡滑行

阶梯式登坡滑行是指在陡滑坡或线路较窄的地段上，将身体侧向山坡，两板顺次向山上登行的方法。适合有一定滑雪经验的人运用。

动作方法：将身体侧向山坡，两脚向坡上替换登行；在两板的刻刃刻进雪面的基础上，上山脚首先侧脚向上横跨一步，山下侧的雪杖支撑住体重，山下侧脚再蹬动上提，落在山上侧脚旁，并用内刃刻进雪面；山下侧脚落在雪面的同时，山下侧雪杖马上提起并落在脚旁，以防身体脱滑。

技术要点：登坡时要注意把雪板放平；雪杖支地要稳，防止失去重心。

错误纠正：雪板没放平，身体脱滑。因此，应使山下侧脚落在雪面的同时，山下侧雪杖马上提起并落在脚旁。

练习方法：可按直线登坡的方法进行；为体现节奏性，在练习时可口喊"1、2、3"或心数；在平地和缓坡地段做大幅度蹬撑动作的练习；在坡上进行练习，动作幅度略小，膝部弯曲略大；在不同坡面上运用不同蹬撑幅度进行练习。

八字登坡滑行

八字登坡是一种直线向坡上登行的方法，其特点是速度较快，但也相对费力。

动作方法：两步交替登滑时，遇到较陡且窄的地段时，可用"八字登坡"方法即将两板尖或板尾向外展开，并利用两板的内刃卡入雪面的直线向上登行方法。

技术要点：两杖均放在身后，略俯撑住身体，以防下滑，向前迈步时可重叠，但勿踏在另一只板尾部，重心要及时跟上；左板负重时，右手撑杖，右脚向前迈步；坡度变陡时，两板展开可更大写，最大可开至70度角。

错误纠正：迈步向前方脚的雪板，踏在另一只雪板尾部。因此，应两板尖分开，并根据坡度而定角度；身体直立。因此，应略俯撑住身体，以防下滑，两杖均放在身后。

练习方法：练习时要找坡面较陡且幅面较窄的地段进行。如找不到这样条件的坡面，在较缓的坡面亦可。

平地徒手做外八字登坡或阶梯登坡动作练习；平地持杖的练习；在缓坡地段做八字或阶梯登坡练习，两坡配合推撑；阶梯登坡练习时，雪板侧跨要快，撑杖要有力，以防止下滑。

下坡滑行技术

下坡滑行技术包括直线滑降、斜线滑降、横向滑降、八字滑降、半八字式转弯、跨步式转弯和双板平行转弯等。

直线滑降

直线滑降是指滑雪时保持直线向下滑行动作。越野滑雪比赛的规则要求，比赛线路中有 1/3 是变化的下坡，有时也会遇到较陡的短急坡。由于越野滑雪板本身较窄，不适合高速滑降，所以应尽量避免，必要时先进行减速滑行。

动作方法：两板间距 15 厘米，膝和足踝关节弯曲，上身保持略高的姿势；身体重心应平均落在两板脚跟的后半部分上；两臂放松并略向前抬起，使杖尖能接近地面。

技术要点：缓坡直线滑降时，上身略倾，全身放松，双板间距为 15 厘米，膝、踝关节略屈；身体重心应平均落在两板脚跟部位；两臂放松，略向前抬起，杖尖接近地面；在山脚时，两脚应前后成弓箭步分开，以平稳的姿势着地；直线滑降是一项较难的技术，除了专业运动员外，一般应避免使用。

错误纠正：越野滑雪板较窄，不适用高速度的直线陡坡滑行。因此，应注意小心使用。

斜线滑降

遇到较陡且长、幅面较宽的坡面地段时，可采用斜线滑降的方法。这种方法可以使滑降速度减慢，以利于进入下面地段。斜线滑降是指按斜线方向滑降，以缓冲下滑坡的滑降方法，常用于较宽阔的陡坡场地。

动作方法：两脚分开约 15 厘米，上侧板略前约半脚的距离，两膝和踝关节弯曲；身体向下侧倾斜，主要借助下侧板支撑体重；由上侧板外刃和下侧板内刃刻住雪面，斜向下滑。

技术要点：两腿分开不宜过宽；身体随滑行方向自然倾斜；两板间距 15 厘米左右，山侧脚前出半脚距离，两膝倒向山侧呈外倾姿势，体重按山侧脚：谷侧脚为 4∶6 的比例落在双板上；两板略向前抬起；两板均用山侧刃，斜向下滑，务使雪板横向下滑；下滑至预定地点，再变换方向继续滑，这样全程则呈"之"字路线形状滑下。

横向滑降

横向滑降是指在遇到场地窄而陡的线路地段时，身体与板横向滑降的方法，特点是能够有效地控制速度。

动作方法：身体呈斜线滑降姿势站立；通过膝部关节的屈伸动作以及山下侧板的立刃支撑，使整个身体横向下滑，身体要保持外倾；在横滑降过程中，如果重心略前移，板尖斜向山下侧，则向斜前方横向下滑，如果重心略后移，板尖略向山上侧移，则向斜后方横向下滑。

技术要点：膝关节不宜过于紧张；支雪杖应该帮助支地，保持平衡。

错误纠正：膝关节过于紧张。因此，滑行时应放松。

八字滑降

八字滑降是指将两雪板尾部向两侧分开，沿着山坡直线向下制动滑降的方法。

动作方法：两板呈"八"字形，两膝关节略屈并内扣，体重落在脚上；重心略后移，通过两板用刃及改变两板尾分开程度，调整下滑速度；雪板内扣时，髋关节用力内收；用两个雪杖支撑身体平衡；滑降时遇较陡的坡，或下坡过程中速度越来越快时，可能会出现险情，此时可采用犁式法继续滑降，从外形看，分开尾部的两板类似农民耕田的犁头，故称为犁式滑降。

技术要点：膝关节略屈，两板尾部分开，用两板的内刃适当调整下滑速度；用脚掌里侧承担体重，而不是用脚掌或脚跟部；通过分开角度的大小和用刃的深浅控制滑降速度；遇坚硬的雪质坡面和需较长时间下滑时，可将两杖插在两腿间，以坐姿控制滑降速度。

错误纠正：用脚掌或脚跟部承担体重。因此，应用脚掌内侧承担体重；没有控制滑降速度。因此，应通过分开角度的大小和用刃的深浅控制滑降速度。

加速滑降

在越野滑雪比赛中，速度是制胜的根本因素。

动作方法：流线型。全身低屈，背部放松呈弧形，双肘屈放于膝下两侧低头向前看；低姿势。用流线型姿势感觉到疲劳时，可使小腿略直立，两肘置于双膝上，头部略抬起，这种姿势在比赛中运用得较多。

技术要点：有的地段要达到速度快的要求，除去坡度、雪质等客观因素外，还有主观的人为因素。最基本的增速方法是使全身呈流线型或低姿势滑进。

错误纠正：身体没有呈流线型。因此，应使全身呈流线型或低姿势滑进。

半八字式转弯

半八字式转弯是指在八字滑降的基础上，将体重移向一侧板上、用内刃，另一侧放平、不用刃，同时身体转向未制动一侧的转弯方法。由于滑行速度较快，在平地转弯时，要防止身体由于离心作用而被甩出线路雪槽以外，因此，上身向内侧倾斜。蹬动与撑杖时滑步距离不宜过长，以免被判为"自由技术"滑行。

动作方法：通过将胯部向左或右移动，使身体重心落在一侧板上；一侧板支撑体重并用内刃制动时，另一侧板必须放平不用刃，以保持身体协调转弯；转弯时膝关节略内扣，保证身体平衡；在滑行转弯中，身体重心要在一侧腿上；保持速度，身体向转弯的内侧圆心倾斜；内侧板移动向前滑，外侧板向外侧蹬动，雪板滑行距离勿过长，以免被判为"蹬式"滑行而犯规；内侧雪杖向后，外侧雪杖向外撑推；外侧雪板向外蹬动后，迅速回至内侧板旁，接着开始下一个动作。

技术要点：在平地可按其他滑行技术方法进行同样的练习；在缓坡进行练习时，要控制速度，转弯滑行一定要在低速的条件下进行练习，因为在较长距离的滑行中会使身体相当疲劳，在这种情况下转弯时，容易受地形及离心力等因素干扰而摔跤，直接影响练习效果；在陡坡进行转弯练习时，必须按循序渐进，由易到难的方法进行练习。

错误纠正：要防止身体由于离心力作用而被甩出线路雪槽以外。因此，应注意上身向内侧倾斜；蹬动与撑杖时滑步距离过长，被判为"自由技术"滑行。因此，应调控好蹬动与撑杖时滑步距离。

犁式转弯

是指在下滑时常用的动作，特点是简单，容易掌握。

动作方法：两脚分开后，重心移至右脚并立刃蹬雪，左板成平刃滑行，双臂张开保持平衡；由于右板立刃蹬雪易于向左方顺板刃滑动，故导致身体向左转，左板保持犁式向左随着转。

技术要点：在犁式下滑的基础上，通过髋关节的左右移动，使重心落在一侧板上并用内刃，另一侧板刃放平，使身体转向不用刃的板侧。左右可以随意变换。

错误纠正：立刃不好，重心跟不上转动。因此，应通过髋关节的左右移动，使重心落在一侧板上并用内刃，另一侧板刃放平，使身体转向不用刃的板侧。

跨步式转弯

跨步式转弯与平地换雪辙的动作基本相同，只是需要根据转弯的弧度大小，多做几次跨步。在较缓的坡面下滑时，先向要转的一侧斜跨一步（呈剪形），另一脚随即跟上，两板再平行前进。如此反复几次，即可转至要变换的方向。

动作方法：一侧板向侧前方跨出，重心随着移过去后，撑杖，另侧板跟上；内侧板跟上时，要保持两板平行。

技术要点：跨步不要过宽，防止失去重心；并板时，要保持两腿略弯曲，缓冲对膝关节的损伤。

错误纠正：跨步过宽，失去重心。因此，并板时，应保持两腿略弯曲，缓冲对膝关节的损伤。

双板平行转弯

双板平行转弯即在转弯时保持两板平行，该动作的技术难度较大。这是在双板平行下滑状态下进行转弯的方法。运动员在缓坡或略陡坡用此法转弯，可达到流畅、平稳的效果。

动作方法：转弯是两板平行，将膝部向前和向上侧压，双板用刃，同时将山下侧杖尖插向脚尖前部；以山下侧雪杖为支点，向上提重心，两板变为平刃，再将重心落在两板尾部，并使之立刃划弧转向。

技术要点：转弯时，不要将体重只落在下侧板上；转弯时，利用雪杖的支撑保持身体的平衡；两脚平行，脚尖向前，两大臂用力撑地；然后左脚蹬地，右脚向斜上方滑步，两脚交替依次进行；蹬腿和撑杖后，身体重心一定要落在滑行板上；两撑杖用力要保持均衡。

错误纠正：转弯时体重只落在下侧板上。因此，应注意在转弯时两板平行，将膝部向前和向山上侧压，双板用刃，同时将山上侧杖尖插入脚尖前部。

减速与停止

越野滑雪的减速、停止技术与高山滑雪中的减速、停止技术类似，主要是通过犁式制动技术减速。越野滑雪停止时根据实际情况可采用大犁式、踏步式转弯、绕山急转弯及内侧雪杖支撑双雪板扭转等转弯来实现。

①减速

动作方法：成犁式滑降姿势，斜对滚落线向下斜滑行；山下板的承重及立刃均略大些，身体的形态已经不完全对称；将双板平行斜滑降、犁式斜滑降、犁式直滑降交替练习。

技术要点：掌握滑降速度超过滑雪者的适用能力时，注意提高控制雪板的能力。

错误纠正：减速时，滑降速度超过滑雪者的适应能力和控制能力。因此，应注意滑降中的减速要根据滑行速度、地势坡度采用不同的技术方式。

②停止

动作方法：自然停止。终点区平坦开阔，有平地或逆坡时可自然停止；慢速（缓坡）滑行用大梨式滑降技术停止。此时应加大两雪板分开的角度，强化立刃，腿伸直，两脚内侧蹬住雪板，必要时用双脚后跟蹬住雪板。

技术要点：立刃脚内侧蹬雪，根据地势决定两雪板分开的角度。

错误纠正：在不同区域，错误应用停止的技术。因此，应注意运用绕山急转弯及踏步急转弯技术停止。

双板连续小转弯

动作方法：膝部的屈伸要及时、有力并富有弹性，以便于转身换刃；双板共同承担体重，不要使脚跟与板离开；与双板平等转弯基本相同，只是转的弯较小，频率较快并连续进行，多在陡而且窄的坡面地段减速时使用；双板平行转弯技术需要较快的速度，并且身体重心不能落后；转弯中尽力控制住姿势，做到不变形，不"散架"；注意点杖时机与引申及下肢动作的协调；学习双板平行连续转弯时，不要急于求成，应在动作上逐一体会；切记过早地在陡坡、快速、野雪、树林中练习，不要贪图痛苦、寻刺激。

技术要点：双板平行摆动转弯是双板平行转弯的提高与发展，是越野转弯的精品，比常规双板行转弯更能体现出"转弯五原则"的精髓，动作左右协调对此，膝部富于弹性。

双板平行摆动式转弯大致分为双板平行基本短摆动转弯、双板平行切刃短摆动转弯、双板平行蛇形小摆动转弯、双板平行跳跃式摆动转弯；双板平行蛇形小摆动是通过膝部的弹性，紧贴一条假定的滚落线左右来回轻松地摆动，横向幅度很小的摆动转弯，所形成的板迹类似于蛇形，这种转弯是所有转弯中迎角最小的转弯。

错误纠正：身体变形重心落后，因此，应使腿部左右摆动；上身近似不动，只是沿着一条"锁死"的滚落线向下径直滑行；滑雪板与雪板巧妙而充满节奏地配合，使动作更娴熟、完善、流畅。

练习方法

下坡滑降练习方法

滑降可与登坡同时进行练习，在练习过程中，有可能发生不安全问题，对此必须周密地考虑与安排。在缓坡地段，做不持雪杖的下滑练习；在缓坡地段，保持正确姿势持杖下滑；在不同坡度地段，做滑降练习；在下滑过程中做左右转体的练习；保持下滑姿势并向左右脚交替移动重心；在陡坡地段练习时，可以从坡的 1/2 处或 1/3 处开始，熟练后再从坡上开始下滑。

转弯滑行练习方法

转弯滑行是越野滑雪中一项必须掌握的技术，练习时可按平地、缓坡及陡坡地段分别进行。在平地上进行小幅度的单板蹬、收练习；在平地上进行单个动作的蹬跨式转弯练习；在缓坡上进行单个蹬跨动作并配合推撑雪杖；在缓坡上进行连续小幅度的单板蹬板转弯练习；在陡坡上进行小幅度、快频率的完整技术练习。

跳台滑雪技术

跳台滑雪的完整技术可分为助滑、起跳、空中飞行和着陆四个部分。

助滑

助滑的任务是获得最大的水平速度和为起跳作准备。

跳台滑雪运动员通过雪板相对于雪面的移动获得水平速度。决定水平速度大小的因素有：助滑道的长度、坡度和滑度；雪板的质料和性能以及人与雪板系统的重力作用。不同级别的跳台其助滑道的长度和坡度也不同。助滑道的滑度因当时当地的气温、雪质、雪情等自然条件的不同而有所差异。优质雪板及准确的打蜡技术可最大限度地减小摩擦阻力和增加助滑的稳定性。重力的水平分力在下坡滑动时是推动系统下滑的动力。合理的助滑技术既能保证人与雪板系统平稳地滑行，又能减小空气阻力，增大重力的水平分力，从而减少助滑水平速度的损失。

助滑的技术结构可分为出发、加速滑行和准备起跳三个动作阶段。

出发的任务是克服系统的惯性，打破平衡的静止状态，使系统进入滑动，获得初速度。

加速滑行的任务是使系统获得最大的加速度。

准备起跳阶段的任务是保持最大的助滑速度，从技术的动力结构上和心理准备上进入起跳前状态。

当出发的顺序和比赛时间确定之后，运动员应提前穿好雪板、戴好头盔和风镜等，进入出发口待命。一旦出发信号给出后，运动员要在规定的时间内完成出发动作。出发时，运动员的身体重心前移，由坐姿变为蹲姿，屈膝、屈踝，躯干贴近大腿上部，手臂伸直置于体侧，双脚平行开立，约与肩同宽，膝关节与脚平行正直指向前方。

胫骨纵轴线与助滑道斜面之间形成的夹角称做膝角，为 45～60 度。它决定着未来起跳的蹬伸方向。大腿与小腿间形成的夹角称做大腿角，为 60～70 度。它决定着起跳的蹬伸距离。

20 世纪 30 年代至 50 年代，是以挪威为代表的自然发展阶段。从 1924 年到 1952 年的近 30 年间，挪威人夺走了全部奥运会跳台滑雪的金牌（第二次世界大战使跳台滑雪比赛中断了 12 年，有 3 届冬奥会未能举行）。此阶段的技术特点是：助滑姿势高，起跳时手臂向前摆，类似体操运动中的"鱼跃"动作，空中高姿折体飞行，使用的雪板短而窄，跳台场地规格不统一。

20 世纪 60 年代至 70 年代末，是中欧诸国向挪威霸主地位发起挑战并取而代之的阶段。中欧的奥地利、联邦德国等国利用阿尔卑斯山有利的训练条件，在场地、器材、服装、训练方法和技术上进行了改革和创新，终于在 20 世纪 70 年代末打破了挪威人一统天下的局面。在这一时期苏联、南斯拉夫、民主德国、捷克斯洛伐克等国的运动员也有过上佳的表现，形成了跳台滑雪多家争冠的态势。此阶段的技术特点是：助滑姿势较低，起跳时手臂向后摆，空中姿态身体平卧，双板平行。

20 世纪 80 年代，是以芬兰为代表的双板平行飞行技术的完善阶段。芬兰人舒展而优美的双板平行飞行技术成为世界跳台滑雪运动员效仿的楷模。20 世纪 80 年代，芬兰加大了科技投入，如 20 世纪 80 年代末带"霜轨"的全天候跳台的研制和使用，其助滑材料被运动员认为"很像在雪面上助滑"，而日本直到 20 世纪 90 年代才使用这种助滑材料。芬兰在优秀运动员系统培养、场地建设、训练方法等方面一直处于世界前沿水平。此阶段的技术特点是：助滑姿势很低，起跳非常有力；

起跳时身体躯干前倾较大，向前性较好；起飞后身体向前移动节奏快，身体呈平直姿态飞行，滑翔效果好。

20世纪90年代，"V"形技术的出现使跳台滑雪运动进入了新的阶段。1992年冬奥会大部分运动员都采用了"V"形技术。"V"形技术的优点在于，空中飞行时加大了人体与雪板相对于空气的支撑面积，增加了浮力，因而滑翔效果好。于是"V"形技术很快就取代了传统的双板平行飞行技术。进入90年代后，不仅在飞行技术上发生了变革，而且在服装、器具和器材方面也进行了革新，使其完全适应"V"形技术的需要。在科学训练方面，日本、芬兰等国组织了专门的科研队伍，加强对诸如跳台滑雪空气动力学、起跳动力学和运动学及完整技术的运动学研究。此外，在改进训练方法和进行训练的监督等方面做了大量的和坚持不懈的工作。日本、芬兰等国的科技投入在1998年长野冬奥会上得到了回报。目前，由芬兰、日本、挪威、德国和奥地利等国组成了世界第一流的竞争集团。

起跳

起跳的任务是发挥最大的起跳力量，决定起跳力量大小的因素有起跳蹬伸距离、起跳蹬伸时间和肌肉收缩产力的效果。在起跳蹬伸时间一定的条件下，起跳蹬伸距离越大，起跳力量越大；在起跳蹬伸距离一定的条件下，起跳蹬伸时间越短，起跳力量越大。跳台滑雪运动员的起跳技术关键要突出一个"快"字。为此，要加大运动员的最大肌力，提高肌肉收缩能量储备，改善能量动用和转化机制，提高肌纤维收缩的速度和协调性。研究结果表明，跳台滑雪运动员的起跳垂直速度提高0.1米/秒，跳跃距离可增加10米左右。运动员克服自身体重、服装及器械重量的能力越强，弹跳力越好，越有可能获得更大的垂直速度。起飞是起跳动作的继续，影响起飞效果的因素是多方面的，其中起跳的因素是基本的和主要的，如腾起初速度、腾起角、雪板初迎角、板角、躯角、腿角、角速度等。只有这些因素都达到合理及最适程度，并且形成最佳搭配组合，才会产生最佳的起飞效果。运动员进入起跳的准备状态，起跳过程的技术质量和完成起跳动作的时机是至关重要的。

评定起跳技术动作质量的优劣要看两个方面：一方面，看起跳过程中动作结构的指标变化是否合理；另一方面，看起跳结束时起跳的运动学动力学指标的优劣。

空中飞行

空中飞行的任务是维持系统在空中飞行的平衡和稳定性，利用空气浮力获得最佳的滑翔效果，以完善的飞行技术获得最高的技评分数和最远的飞行距离，为着陆作准备。

跳台滑雪运动员空中的飞行距离取决于腾起初速度的大小和滑翔效果的好坏。运动员一旦进入腾空，初速度的值就是不变的。空中飞行的动力只能是空气浮力，空气浮力即升力，升力是空气和阻力的垂直分力，水平分力是正面阻力。如果合力一定，要增加升力，就得减小正面阻力。升力与正面阻力的对比关系非常重要。只有升力大于正面阻力，升阻比大于1，才能获得较好的滑翔效果。改变升力和正面阻力量值对比关系的真正意义在于改变空气气流相对于人与雪板系统的方向。即将原来的气流将系统向后"推"改变为现在的气流将系统向上"托"。将系统向后"推"，无疑会抵消和削弱系统向前飞行的水平速度。而将系统向上"托"，对抗地心引力，减缓了重力加速度使系统下沉的作用，从而增加了滑翔的飞行距离。

人体与雪板系统要想飞得远，除了最大限度地利用腾起初速度和空气浮力外，还要努力做到维持系统在空中飞行过程中的稳定性和平衡状态。

空中飞行过程可有条件地分为起飞、空中飞行和准备着陆三个阶段。

（1）起飞的任务是使雪板及人体各部位获得最佳的飞行角度，获得最大的飞行初高度和完成系统内部相互间的位置调整，使系统形成统一的飞行姿态和攻击方向。当运动员的双脚蹬离台端瞬间，人与雪板系统便进入了起飞状态。

（2）空中飞行阶段的任务是维持系统飞行的平衡和稳定性，充分利用空气浮力，提高滑翔效果，延长腾空飞行时间。在这阶段飞行过程中，如果运动员能够完成正确、合理的空中飞行动作，充分地利用空气浮力，保持系统空中飞行的稳定，人体与雪板的后半部分的飞行轨迹较为平直，可延长系统在空中飞行的时间和距离。

跳台滑雪

（3）准备着陆阶段飞行的任务是确定最佳的着陆时机和获得最适的着陆前飞行姿态。当人与雪板系统的飞行轨迹接近终点，即系统飞行轨迹延长线即将与着陆坡地面相交瞬间，运动员凭借着经过无数次训练和培养获得的空间感觉和速度感，准确地判断出着陆的时机并及时准确地做准备着陆动作。

着陆

1. 着陆的任务是安全、平稳无误地完成着陆动作，以正确的前后分腿动作着陆，缓冲冲撞力，维持着陆后滑行运动的平衡，获得最高着陆技术评定分。

（1）正确的着陆动作是前后分腿的"弓箭步"着陆动作。其优点是增大着陆时的支撑面积和重心高度，可防止向前、向后的旋转和摔倒。

（2）正确的着陆动作在完成时也有程度区别，如完成正确、基本正确等。如前后分腿着陆动作的分腿宽度过宽或过窄都要被扣除0.5～1.0分。此外，任何可能影响着陆动作的稳定性和正确程度的失误或缺点都要被扣分，如晃动、紧张、多余的调整动作等。

（3）正确的着陆不仅可以保证运动员的安全和获得较高技评分数，而且还可以延长飞行的距离，提高飞行距离得分。准备着陆的时机、人与雪板的位置和姿势、着陆前的飞行状态和开始做着陆动作等，都影响着接下去将要进行的着陆动作及着陆的技评分数。

2. 着陆的另一个任务是缓冲冲撞力，减轻因冲撞运动而产生的震荡。人与雪板系统在着陆前的飞行速度仍能达到 20 米/秒，尽管雪板在着陆坡上以较快的速度滑动着陆，但仍会产生一定的冲撞力和震荡。着陆时重力的垂直分力的反作用力通过腿、腰和脊椎对人体的支撑器官和大脑产生震荡，如缓冲不当，可造成伤害。要尽量减少重力的垂直分量。为此，一方面，要保持较大的着陆水平速度、较小的着陆角和着陆高度；另一方面，改善着陆前的飞行技术，使系统平行滑翔飞行，借空气浮力减慢系统垂直下降的速度。着陆后，屈膝下蹲可吸收冲撞压力。

3. 着陆动作可分为着陆前、着陆和着陆后三个组成部分。

（1）着陆前即准备着陆。当系统飞行轨迹即将接近终点，系统即将接触地面的瞬间，运动员开始做准备着陆动作。运动员此时要保持清醒的头脑，凭借运动的节奏感和动作感觉，选择最佳的着陆时机。着陆前获得一种合理的着陆前准备姿势和位置是至关重要的。首先是雪板的位置。此时板尖的位置不能太高或太低，板尖离身体的垂直距离也不能太远或太近。板尖位置太高，易引起板根快速下旋着陆，影响着陆距离；板尖太低，身体不易控制雪板而着陆时抬不起来，可能造成失败的较迟的着陆。板尖离身体的垂直距离太远，难以控制雪板，易产生人体后旋而板尖下旋的分离现象，结果是过早着陆，或使着陆动作松散不紧凑，破坏了着陆动作的一致性及和谐性；板尖离身体的垂直距离太近，又可能造成过迟着陆和身体抬不起来。

（2）着陆指从双板根接触雪面到双板尖接触雪面，双腿前后分开站立，身体平衡状态良好，稳定滑行。即使着陆角再小，也是首先由板根接触地面的。只是较好的着陆板根与板尖的着陆间隔不明显，像整支雪板在着陆坡上滑过一样，着陆轻柔，声音较小，动作自然。着陆时，将原先外旋和外翻的双腿双脚转回正直位置，使双板间的水平距离缩小到与肩同宽，这对着陆时雪板正直下滑是必要的。

（3）着陆后指人体站稳后系统下滑通过缓冲区直至停止区。规则规定，在通过缓冲区时摔倒或身体接触地面扣除着陆分的85%。因此，运动员一定要将平衡控制到通过缓冲区。在停止区摔倒不扣分。一般情况下，通过缓冲区时的不平衡状态或摔倒都是由不正确的着陆引起的。反过来，正确而稳定的着陆也会保证着陆后滑行的稳定。

单板滑雪技术

基本动作

单板滑雪基本姿势：（1）眼睛要一直注视着前进的方向。（2）肩膀放松：肩、胸、髋朝向目标方向。（3）手臂自然向前抬起，保持平衡，前臂指向前进方向。（4）膝关节放松、微屈。（5）重心保持在前脚。

单脚固定动作

将前脚固定在板上，另外一只脚踩在防滑垫上，靠近后脚的固定器，面向前方，与板头同一方向，胸部也要朝向同样的方向，想象双手和双臂在腰前方保持平衡，双膝微屈，将身体60%～70%的重量置于前脚。后脚置于滑雪板脚跟侧板刃后方，将趾尖侧板刃翘起，感觉脚跟侧板刃并施以一定的力量。后脚置于滑雪板趾尖侧板刃前方，将前脚脚跟侧板刃抬起，感觉脚趾侧板刃并施以一定的力。要体会穿着滑雪板的感觉，逐渐熟悉并适应这种感觉，使滑雪板成为身体的一部分。最初可以用前脚抬起滑雪板，然后分别用板头和板尾接触地面或雪面。熟悉后，用前脚带滑雪板向前滑，小步向前移动，也可以将滑雪板抬起后按自己的角度转动。

双脚固定动作

最初双脚固定比较难掌握平衡，建议先在有扶手的地方逐渐体会双

单板滑雪

脚固定的平衡动作。

基本动作：目视前方，双手抬起在腰前并指向前方，膝微屈，重心稍向前倾，加重与减重，屈膝向下加重，然后腿伸直，向上减重，身体重心稍向前，上身左右转动，前后移动重心。手扶着墙或其他有扶手的地方，分别体会脚跟侧和脚趾侧板刃的感觉。找一块比较平坦的雪地，双脚固定在雪板上，重心位于两脚之间，两脚分别向滑雪板两侧用力扭动。逐渐将重心移到前脚或后脚。这时你会感觉到重心脚很难控制，反而另一只脚比较容易滑动。

将重心置于前脚时，后脚向两侧滑动，是转弯时所需要的关键动作。很多初学者最大的问题就是因害怕而重心向后，从而导致无法控制方向。

倒地与站起是单板滑雪初学者必须面对的情况。首先要学会如何防止受伤。趾尖侧（向前）对着山坡倒地时，要双膝、双拳着地。面向山下摔倒时，不要用手撑地，应双肘置于胸前或前臂主动落地并顺势向外伸展。

脚跟侧（向后）倒地时要使臀部、背部滚动进行缓冲。

滑雪时应注意将重心放在坡上方板刃，一定要注意不能让朝向坡下的板刃卡雪，否则将会重重地向山下摔去。当你感觉身体失去平衡时，要顺势倒地，通过缓冲减少受伤的几率。

站起时很重要的一点是要使雪板与下滑线垂直，也就是要使雪板横在山坡上。面向山坡的倒地（跪姿）比较容易站起来。背向山坡的倒地（坐姿）站起时稍有难度，可以双手撑地站起，也可以一手撑地、一手抓板前端板刃帮助站起。将后脚固定于雪板时最好在下坡处，山坡的角度更有利于站起，同时更容易感觉到板刃。向山谷的重摔通常是由板刃卡雪造成的。可以先转成面向山坡倒地的动作站起，也可以转身站起，直接下滑。

根据倒地方向、站起习惯以及不同方向、不同板刃练习的需要，有必要学会翻滚换刃。

（1）跪变坐（脚跟侧板刃换到脚趾侧板刃）：往前趴下，膝盖弯曲，把板子举起，翻过来成躺着的姿势，坐起。

（2）坐变跪（脚趾侧板刃换到脚跟侧板刃）：往后躺下，大腿抬高，把板子举高，上身随板子翻过来成趴着的姿势，跪起。

为了避免局部肌肉疲劳痉挛，练习时最好将脚跟侧练习和脚趾侧练习、向左滑行和向右滑行练习交替进行。在学会换刃转弯前，这种翻滚换刃是必须掌握的。

移动、滑行与刹停

平移与短距离上坡

（1）步行上山方法

如果乘缆车的人太多，或者你还没有掌握使用缆车的方法，或者你喜欢踏雪登山的感觉，你可以手拿雪板步行上山。

（2）单脚固定移动与上山方法：①蹬滑板时，目视前方（不要看脚下），重心向前置于前脚，屈膝，双手位于身体前方（而不是体侧）腰的高度。整个身体要自然、放松，并保持平衡。分别练习脚在雪板两侧蹬滑板的动作，这将有助于你在单板滑雪时将身体重心置于前脚。与在平地上蹬滑板一样，蹬起一定的速度，在能滑起来时，将后脚置于两个固定器之间的防滑垫上滑行。②步行上山，上缓坡时，前脚和雪板与山坡垂直。使雪板脚趾侧板刃切入雪中，未固定在雪板上的后脚向山上迈步。抬起雪板，保持与山坡垂直的角度，向上跟进。这样不断重复，向前行进。

（3）双脚固定移动的上山方法

双脚固定移动的上山方法通常需要消耗较多能量，一般只适用于短距离移动。

在平地或向上进行较短距离的移动时，为了节省时间，避免反复固定后脚，可以采用双脚固定移动的动作。平地短距离移动时，可以使板头指向前进的方向，双脚向前摇动，使雪板先向前移动，身体随之向前。向坡上进行短距离移动时，也可以四肢配合向上移动。双手先向前伸，支撑，使双脚向上跟进。主要靠双手和脚趾侧板刃配合前进。

基本滑行与停止

（1）单脚固定向下滑行与转弯减速

选择一个较长、平缓，而且人较少的缓坡，单脚固定在坡上约10米，然后转身，使板头向下，后脚踩在防滑垫上，身体放松，目视前进方向，保持重心稍向前，体会滑行的感觉，直到在平地上停止。注意不要单脚固定滑很长或很陡的斜坡，这样很容易使自己受伤。

单脚固定滑行重要的是要掌握转弯减速的方法，这对于下缆车来说是非常重要的。在上缆车之前，一定要进行单脚固定滑行、转弯、停止练习，可避免下缆车时摔倒受伤。

（2）脚跟侧转弯：①单脚固定在缓坡上并使板头向下滑行，脚跟侧开始向下用力，同时脚趾向上抬起。②目视前方，前臂指向要转弯的方向，膝部微屈，脚跟侧轻轻向下用力。③大弧度慢慢转弯，用雪板脚跟侧板刃滑行，直到停止。

（3）脚趾侧转弯：①保持重心向下滑行，眼睛和前臂指向要转弯的方向，膝部微屈。②准备转弯时，脚趾向下压雪，使雪板逐渐滑到横向。③完成转弯时，面向山坡。停止后，后脚离开雪板，保持平衡。

单脚固定向下滑行时，也可以用后脚跟或脚尖踩板刃以外，帮助刹车减速，但注意重心要放在前脚而不是后脚。脚跟或脚尖拖雪时，要配合上身的转动。脚跟拖雪会形成对着山下的脚跟侧转弯；脚尖拖雪会形成对着山上的脚趾侧转弯。

（4）横推

选择一处缓坡，将雪板与下滑线垂直，通过板刃角度控制身体平衡向下滑行。身体重心位于上坡板刃，体会如何通过控制板刃角度来控制速度。板刃角度小，速度快；角度大，速度慢或停止。注意雪板不要放平，以免下坡板刃卡雪摔倒。

在掌握好身体重心与控制板之间的关系之前，每次尝试用板刃站立滑行几乎都会摔倒。强烈建议在教练的协助下进行控制板刃角度的滑行练习。初学者也可以先在有扶手的地方体会重心在板刃上的感觉。

①脚跟侧横推

上身正直，目视前进方向，重心置于板中央脚跟侧板刃，保持正确的站姿。脚尖慢慢放下，向下滑行，脚尖慢慢抬起，速度减慢，要像踩刹车一样，小幅度、频繁地控制脚尖。注意正面直线下滑时，要保持重心在两脚之间。

1. 板刃角度小，向下滑行速度快。

2. 板刃角度稍大，滑行速度变慢。

3. 更大的板刃角度将使滑行停止。但静止不动时的板刃角度是很难保持平衡的。建议降低板刃角度继续向下滑行或坐下。

如果重心不是平均分布在两只脚上，雪板将会沿斜线向下滑行甚至转弯。掌握了正面直线横推下滑后，可逐渐将重心移向左腿或右腿，同时手臂稍指向左前方或右前方，初步体会斜向横推下滑。

掌握了脚跟侧横推的方法，滑雪者将可以从较陡的坡上安全滑下，也可以在此基础上学习更多的技术。

②脚趾侧横推（双脚背面下滑）

上身正直，面向山上，重心置于板中央，用脚趾侧板刃向下滑行。注意脚跟侧板刃一定不能碰到雪，卡雪会使滑雪者摔得很重。建议初学者请教练协助保持平衡并观察身后情况，重点体会脚趾侧板刃以及板刃角度对速度的影响。膝关节向下压，板刃角度增加，速度减慢进而停止。脚跟稍向下放，板刃角度减小，雪板向下滑行。

a. 脚跟放下，板刃角度小，向下滑行速度快。注意脚跟侧板刃一定不要卡雪。

b. 屈膝、脚趾向下压，板刃角度稍大，滑行速度变慢。

c. 更大的板刃角度会使滑行停止。

③其他横推下滑方法

掌握了脚趾侧横推下滑后，要逐步体会斜向横推下滑。要点是眼睛注视前进方向，手臂指向同一侧，重心移向同侧腿。掌握了斜向横推下滑后，将左右两侧的横推滑降交替进行，向左，向右，再向左，再向右，如此交替，即左右横推滑降。此时滑行路线像"Z"字，因连续的动作路线像树叶在空中飘落，有人将其称作"落叶飘"。要点是上身挺直，膝盖微屈，重心移向前进方向，目光注视行进方向，手臂指向同一侧。在要改变方向时，后脚逐渐用力压板刃，雪板会逐渐改变方向并减速。在将要停止时，移动重心，后脚变为前脚，目光转向前进方向，向另一侧滑行。熟练以后，逐渐增加下降的角度和滑行的长度，继续进行同样的练习。

（5）左右连续滑行

在左右横推滑降的基础上，继续增加下降的角度，保持使用上坡的板刃，使雪板几乎平行于下滑线开始加速下滑，用力压板刃，使雪板逐渐改变方向并减速，但不是使雪板横向停止，而是继续向山坡上方转弯停止，滑行路线不是单纯的 Z 字形，而是一个月牙形，或半圆形。向上转弯停止后，转移重心，再继续向另一侧进行同样的练习。

（6）单向连续滑半圆

滑雪者穿越下滑线滑半圆，接近停止时，起身向前，板稍放平，逐渐接近下滑线，开始加速下滑，然后压板刃减速，继续朝同一个方向滑半圆。每次单向连续滑 3~4 次，然后换另一个方向（倒滑）或换另一侧板刃。这个练习对转弯有很大帮助。

（7）刹车

前面练习中已经基本掌握了减速停止的方法。遇有紧急情况，后脚迅速压板刃，将雪板转成与下滑线垂直，重心向上，并增加板刃角度，同时用板刃刮雪面，从而迅速停下来。有时上身朝向与脚相反的方向扭转有助于快速刹停。

在练习刹停或转弯时，要先有一定的滑行速度，这跟骑自行车一样，速度太慢，将难以维持重心，很难转弯，更难以体会出刹车的感觉。

换刃转弯连续滑行

滑转

滑转是把脚跟侧和脚趾侧的滑行连起来，滑成"S"形。换刃时有一瞬间是将滑雪板放平的，板头指向山下，此时注意身体不要后倾，重心向前，一定要等到身体重心放正，不偏向任何一边并且滑雪板完全放平后，再做下一个转弯动作。

注意转弯时不只是脚转，要先转头，转肩，转髋，然后转脚，滑雪板才会跟着动。眼睛要一直看着前进的方向，双手放在身体前面，随目光转动，当双手转动时，肩膀会跟着转，然后腰和脚也会跟着转。脚跟侧转弯时身体微向后倾，脚趾侧转弯时身体微向前倾。以左脚在前为例，先用脚跟侧滑，身体微向后仰，用脚跟侧板刃刮雪，雪板转向减速后，起身，重心回正向前，板头指向山下，滑雪板逐渐放平，然后转头、转身，屈膝，身体微向前倾，用脚趾侧板刃刮雪，保持屈膝动作，雪板转向减速后，起身，重心回正，板头指向山下，滑雪板放平，转身继续脚跟侧转。

练习转弯时，要注意身体保持正直，上身不要乱摆，要更多地运用身体的起伏和膝盖的弯曲。预备转弯之前，从最高点慢慢屈膝，在转弯瞬间达到最低点，而后徐徐抬起，到高点后转向另一侧，身体再不断下降，如此重复。注意每次转弯前控制速度，不要过快转身，也不要过快地加大板刃角度。

要循序渐进，可以先滑较大的弧线，然后逐渐缩小转弯半径。熟练后，逐渐减小上身转动幅度，更多地体会板刃、侧切和板的弹性在转弯中的作用，逐渐体会腰部和脚部的力量增加。在滑转转弯时，前脚应左右扭动，后脚前后推动，这样会形成更快的转弯，对于在较窄的雪道上处理紧急情况会很有帮助。

割转

顾名思义，就是只用板刃割雪转弯。割转要求转弯时板刃与雪面的角度要大，也就需要身体前倾或后倾的角度大。实际上在练习滑半圆和滑转时，你可能已经因板刃角度的增加而体验过割转的感觉了。割转的原理与滑转的基本一样，只是割转用板刃割雪，而滑转是刮雪滑过。

练习割转时要选择雪车压过后的、没有冰或小雪包的雪坡，选择稍硬一点的雪板。练习时要有一定的速度，半蹲并压低重心，但不要向前弯腰，身体重心均匀分布在两脚中间，尽量使板尾刃与板头刃沿同样的路线切过，在雪地上留下清晰的切痕，而不是刮过的痕迹。割雪转弯通常不会像滑转那样刮雪刹车而减慢速度，因为割转是割雪而不是刮雪，所以入弯和出弯的速度可以维持一样。在转弯前换刃，并尽早开始转弯将有助于减少速度的损失。

割转时速度越快，要求板刃角度越大，也就要求身体向坡上刃方向倾斜角度越大。可以通过膝、脚踝和胯部的配合来增加板刃角度，同时增加转弯的稳定性。

进行割转时，要注意沿下滑线割转滑行，眼睛注视转弯路线，前手指向转弯方向，后手指向翘起的板刃，保持手臂、肩膀呈水平动作，用后面的腿帮助保持板刃与雪的接触并控制方向，也可以通过检验滑过的痕迹和练习减小噪音来检查技术是否提高。

自由式基础

提到单板滑雪，很多人会想到自由式。似乎自由式更能彰显年轻人"酷"和"炫"的风格，也许很多年轻人在选择单板时就希望有一天自己也能"飞"起来，"炫"出来。在学习了单板的控制与平衡后，你可能已经体会到了单板滑雪的一些乐趣，要想玩得更酷，还需要学习一些自由式的基础动作。

倒滑

与正常滑行相反，后脚在前、前脚在后滑行。如惯用左脚在前，但用右脚在前滑，就是倒滑。实际上在学习换刃转弯前进行的左右横推滑降（落叶飘）和左右连续滑半圆的练习，有一半的动作是倒滑。

在开始练倒滑转弯时，因为滑惯了一边，换另一边滑会觉得有些不习惯，所以要重新体会转弯的感觉和雪板与身体重心的关系。

练习倒滑要有决心，要不断地练习。

时尚单板滑雪

在练习时可以把速度降下来，但尽量不要总想着转回到正常滑行，要把所有前滑的动作都倒过来练习熟练，使正滑和倒滑都同样得心应手，这样你可以尝试的技巧就多了一倍，也对以后练习各种技巧很有帮助。

缓坡转 360 度

可以在缓坡雪地上练习顺时针或逆时针转 360 度。以左脚在前顺时针转 360 度为例，再用脚趾侧转弯 180 度，转到右脚在前，再用脚跟侧转 180 度，转到左脚在前的起始动作。每转一圈，各做一次脚趾侧转弯和脚跟侧转弯。逆时针转跟顺时针转相反，先做脚跟侧转弯，然后做脚趾侧转弯。练习时要注意目视方向及双臂对转弯的引导作用，同时注意身体在转弯中的起伏配合。

练习 360 度转对于脚趾侧和脚跟侧的转换很有帮助。开始时应先慢慢转，熟练后，再逐渐缩小转弯所需的距离和时间。每次练完顺时针转后，要练习逆时针转。

单脚抬起 180 度

学会转 360 度后，左右脚重心的转换就可以得心应手了。在转 180 度时，重心前倾，将后脚抬起，完成 180 度转，控制重心，后脚在前方落地开始倒滑。

学"跳"前的准备

"飞"是每个单板滑雪者梦寐以求的技巧。学跳跟学转弯一样,要有一定的顺序和方法,要循序渐进。

学习跳起腾空之前一定要先掌握落地的方式,否则一定受伤。落地时一个基本的原则就是要屈膝,这样可以减小与地面产生的冲击力,不仅可以保护膝关节,也有助于对整个身体进行的缓冲,如果膝关节僵直,不仅容易摔到,也很容易受伤。

保护膝关节的另一个要点是,落地点的坡度最好不要小于起跳点的坡度。否则很容易造成膝关节韧带的损伤。如果起跳前看不到落地点,最好在跃入空中前先查看一下地形,不要因为过于自信而把自己置于危险境地,同时请雪场管理员或朋友帮你巡视雪道,以免其他人进入落地点,造成伤害。

纵跳转身

为了节省时间,避免反复固定后脚,你可能已经做过较短距离的双脚跳移动,也可能已经为了弹掉板上的雪使双脚上下跳动,这时的你已经初步体会了腾空的感觉。

练跳时不要心急求快。最初练跳时应选择平地,熟练后可以逐渐在缓坡上练习。熟练掌握原地纵跳后,在跳起的同时转身,膝部抬高,下肢跟随转动,便可以完成180度转身。熟练后,可以逐渐增加难度,提高速度或增加转身角度,完成360度转身。

双脚跳转180度

双脚跳起时,一只脚用力向上抬起,同时摆动手臂以同侧臂带动胯和腿完成转体。双脚离地时注意身体平衡。

Ollie 跳

Ollie 跳是先抬前脚,然后利用板子的弹性顺势腾空的方法。练习时可以先在平地上进行侧跳,先左脚抬起向左边跳出,然后右脚跳起跟随往左侧跳，然后反过来练习往右侧跳。熟练后可以用同样的方式在雪地上进行 Ollie 跳练习。

先在平坡上完全静止的情况下练习，随后在缓坡上练，然后再将树枝放在坡上练习越障碍物。熟练后可以在雪坡有突起的地方练习 Ollie 跳，这样可以增加跳起来的高度，有利于体会"飞"的感觉。注意落地时用膝、踝和髋部缓冲，保持重心向前平稳落地，目视落地方向。

抓板

抓板的感觉很"酷"，但更重要的是抓板使你在"飞"的时候保持身体紧凑，与雪板成为一体。腾空时应保持身体平衡，目视落地方向，尽量向上抬腿，不要弯腰向下。最开始练习时可以用前手抓雪板脚趾侧两脚中间的位置。熟练后，逐渐练习抓板头、板尾以及脚跟和侧板刃，也可以换另外一只手进行练习。你也可以创造最适合自己的抓板方式。

空中转身抓板

当你对倒滑、纵跳转身、Ollie 跳以及抓板等动作都很得心应手时，很自然就会将这些动作组合在一起。

练习空中转身抓板时，要用板刃起跳，并保证一定的速度和高度。首先要降低重心，跳起时转身并一直注视转身方向，落地时应注意控制重心。在练习 180 度转身前，最好先练习脚趾侧倒滑起跳，这样有助于增加起跳高度和落地时的控制。360 度转身需要更有力的转身和空间时间，落地与起跳用同侧板刃，姿势相同。空中转身抓板属于高级动作，一定要在熟练掌握其他基础动作的基础上练习。

单板 U 型槽技巧

单板 U 型槽

U 型槽可以使单板爱好者从一面墙移动到另一面墙，跳跃并做花样动作，但这不适合初学者。通过这一节的学习，我们会了解更多有关单板 U 型槽的知识。

基本上 U 型槽是一个 U 形的碗状坡道，滑雪者从一面墙滑到另一面墙，每次转换的时候都要做出跳跃和单板技巧。U 型槽起源于滑板，这种运动现在已经发展成单板滑雪运动的一部分。这一节我们将介绍在世界范围的滑雪场和单板公园可能接触到的 U 型槽。

U 型槽的基本构造：

——平台（Flat）：U 型槽底部的平地；

——过渡区（Transitions/Trannies）：水平槽底部与垂直墙之间的弧形过渡区；

——垂直区（Verticals/Verts）：即槽沿儿与过渡区之间的垂直部分；

——平台（Platform/Deck）：

——雪墙上面的水平平台；

——入口坡（Entry Ramp）；

——U 型槽的起滑位置；

——U 型槽里的单板。

滑雪之前记住一点，U 型槽不是为初级滑雪者准备的场地。第一次上 U 型槽之前，你就要具备非常好的走刃和转弯控制能力。反脚滑行也是必须具备的能力之一，因为在 U 型槽上可能需要做很多次这个动作。如果你的跳跃很顺畅，这对平面区和垂直区间的转向将会有非常大的帮助。开始时如果不想太费力，可以在靠近槽底的地方起滑，随着技巧的提高，可以慢慢离坡底高一些。

滑 U 形槽要领

（1）横滑

在第一次上 U 型槽的时候，最好先做一下练习。可以只用简单的横滑动作来通过过渡区，这和学习从普通坡面下滑的动作是一样的。如果已经习惯了单一的滑降下坡，可能不太习惯再来回滑。

（2）滑转

熟悉了 U 型槽的感觉之后，就可以尝试真正的转弯了。要在同一坡道反复转向，就要学习滑转板刃的技巧了。转板刃是指用板的一侧刃滑上过渡区，再用另一侧刃滑下来。通过在过渡区里的练习来一点点提高下滑转弯的高度。

（3）跳转

当滑的高度越来越高，就会离开槽的边沿飞到空中了。试一下，在边沿处做一个小的跳跃，在空中完成转向。每次跳跃，在空中时要收缩身体，着地时膝盖要保持弯曲，尽量跳得高一些。如果不想鼻子撞在地上，你的注意力就一定要集中在边沿上。

PART 8　裁判标准

裁判员

裁判长

裁判长一人，主要职责为：

（1）全面领导和管理裁判员，监督裁判员的工作，组织裁判员认真学习竞赛规程、规则及裁判法，确定裁判员分工。

（2）参与竞赛的准备和组织工作，在领队会议上说明有关问题。负责运动员的分组与抽签，确定竞赛时间、出发方式等事宜。

（3）检查线路距离、高度差、难易程度、场地线路设备、标志、起点和终点位置、线路平面图和断面图、急救措施等，是否符合竞赛规程和规则的规定。

（4）处理竞赛中出现的问题。对严重失职和不称职的裁判员，有权提出停止或撤换其工作的意见。

（5）根据天气、雪质、场地设备等情况，建议停止、暂停、延期竞赛，以及宣布竞赛无效、变更竞赛日程、出发顺序和各组的间隔时间等。

（6）对替补和迟到运动员的竞赛资格和竞赛办法提出意见。对犯有严重错误和违反本赛区纪律的运动员提出取消竞赛资格的建议。

（7）认真审核各项竞赛成绩，审议和处理竞赛后 15 分钟内提出的各类问题。

（8）竞赛结束时做好各种善后工作，将竞赛成绩、记录表格、总结等各种材料及时交承办单位呈报主办单位备案，并于赛后15天内写出裁判工作总结报告，分别报送承办单位和主办单位。

（9）负责在裁判员技术等级证书和运动员技术等级成绩证明单上签字。

场地线路长

场地线路长1人，由承办单位选派，主要职责为：

（1）在裁判长领导下，负责场地线路的一切准备工作。

（2）负责选定和精确丈量线路，丈量线路应以滑行路线的中心线为准。准确绘制线路的平面图和断面图。

（3）领导线路检查长及其下属人员，具体负责线路、场地方面的工作。

（4）选定起点、终点、检查站、气象站、救护站位置和安置相应设施。

（5）负责竞赛线路各种标志设置、指挥场地人员维修练习和竞赛线路，保证线路质量，提供线路设计所需器材和工具。

（6）保证索道安全、合理运输。设置好起、终点区栅栏或尼龙网，维护好竞赛秩序。

线路检查长和检查员

（1）线路检查长1人，主要职责为：

①在场地线路长的领导下，负责竞赛线路上的裁判工作。检查线路的各种标志是否完善；检查线路检查员所带的用品是否齐备。

②确定每个线路检查员的位置和所分担的旗门数量（1~4个门）。

③及时处理竞赛中在线路上发生的犯规及其他问题。

④密切同起、终点的联系，保证全线路畅通。

⑤竞赛结束后，检查各线路检查员的卡片和记录，签字后交计时记录长。

（2）线路检查员 15～20 人，主要职责为：

①负责所分担的旗门区域的一切工作，将倒、斜的旗杆及时插好，并整修场地。

②出现疑难问题时可暂停竞赛，在线路检查长参与下进行现场处理。

③监视和记录运动员的过门情况，运动员正确通过时做"V"记号、犯规时做"D"记号。运动员的犯规情况，只能对赛会有关人员介绍。

④受到运动员询问时，回答"滑下去"或"退回来"。不能做别的回答或揭示。

⑤竞赛结束，在填好的记录卡片上签字，然后交给线路检查长。

⑥根据实际情况，提议给予有正当理由的运动员重新滑行的机会，并向裁判长或线路检查长作详细说明。

⑦要对邻近区域给予认真的关注，需要时有义务予以确切的旁证。

⑧对受伤运动员给予应急处置。

线路设计长和设计员

（1）线路设计长 1 人，应由有丰富线路设计经验的人员担任，主要职责为：

①在裁判长领导下，认真考虑、了解、掌握各项线路的技术性数据；按照规则和规程，选定线路，设计各种竞赛的线路和旗门。

②丈量线路，绘制线路图（平面图和断面图），按规定的时间于竞赛前公布。

③设计线路时，首先要考虑运动员的安全；同时根据运动员的水平，以能使大多数运动员顺利通过为宜。

（2）线路设计员 2～3 人，协助线路设计长工作。

发令员、助理发令员、检录员

（1）发令员 1 人，主要职责为：

①在裁判长领导下全面负责发令工作。

②竞赛前认真检查通讯设备，保证通过的畅通。

③竞赛开始前 10 分钟，与计时记录长联系。核对秒表发令之前与线路检查长联系，按规定时间准时发令。

④判定出发是否有效，并执行起点区域的各项规定。

（2）助理发令员 1 人，主要职责为：

①做好起点准备工作，维持好起点的秩序。

②检查竞赛用具、服装及装备。

③赛前 10 分钟，在起点按出发顺序进行最后检查。

④负责记录起点实际出发时间，赛后送交计时记录长参考。

⑤按发令员的指令截回抢滑运动员，令其重新出发。

（3）检录员 1~2 人，主要职权为：

①在发令员领导下认真填写检录单，分发号码布，检查竞赛用具、服装及装备，按规定时间进行检录。

②每项竞赛结束时，收回号码布（包括途中弃权者）。

计时记录长、计时员、记录员、终点裁判员、公告员

（1）记时记录长 1 人，主要职责为：

①在裁判长领导下，全面负责终点计时、记录、公告等各项工作。

②认真检查竞赛用表、电动计时设备、电动计时器，令专人负责。

③竞赛中指令计时员开表、回表，根据竞赛变化，下达计时任务。

④监督各计时员的计时，认真核对电动和手动计时成绩，确认无误时，尽快公布非正式成绩。

⑤每项竞赛结束后，负责检查、核对成绩，签字后交裁判长。

（2）计时员 3~6 人，主要职责为：

①赛前认真检查竞赛用表和电动计时设备，掌握其性能及在各种情况下的使用方法，确保计时迅速、准确、可靠。

②采用电动计时或人工计时时，其精确度要求达到百分之一秒。

③协同记录员搞好记录工作。

（3）记录员 2 ~ 3 人，主要职责为：

①在计时记录长领导下，迅速、准确、字迹清晰地记录每项、每次、每人的竞赛顺序和成绩。

②负责编排第二轮次后的出发顺序，交检录员检录。

③每组竞赛结束时，整理成绩和卡片，交给计时记录长。

④负责在成绩公告板和揭示板上，及时反映竞赛成绩、气象情况等有关事宜。

（4）终点裁判员 1 人，主要职责为：

①在计时记录长领导下，负责监督运动员通过终点前一个旗门和终点门的情况。

②记录滑完全程的运动员顺序和终点犯规情况，随时报送计时记录长。

③注视线路情况，随时与计时记录长联系，确保竞赛顺利进行。

（5）公告员 1 人，主要职责为：

①在计时记录长领导下，负责公告的所有准备工作。

②竞赛中，公布运动员的单位、输送单位、姓名、出发码、犯规及中途弃权情况，非正式成绩和正式成绩。

③每项竞赛前 20 分钟，公布气温、雪温、风向、风速、天气情况。

编排统计长和统计员

（1）编排统计长 1 人，由承办单位选派，应是竞赛处成员，主要职责为：

①在裁判长领导下，全面负责竞赛的编排、抽签、成绩统计等工作。

②与竞赛处联系，领取各种记录表格和裁判员所需用品。

③全面、准确、及时统计竞赛成绩，协同竞赛处印制成绩公报，提供秩序册样本。

④填写、审查运动员竞赛成绩的技术级别；统计年度；为裁判长准备好需要公布的成绩单。

⑤秩序册规格为：9 厘米 ×18 厘米，内容包括竞赛规程，组织委员会及下属机构，裁判员的分工，参加单位的人名单及人数统计，运动员的输送单位及出生年月日，赛会活动日程及比赛时间。允许有少量广告内容。

（2）统计员 1～2 人，主要职责为：

①在编排统计长领导下，做好成绩统计工作。

②要求统计准确、迅速、字迹清晰。

计时和成绩

计时

（1）竞赛应采用电动计时，如人工计时一律用电子秒表。

（2）无论使用人工计时或电动计时，精确度均要计算到百分之一秒，并要记出分、秒的单位。如果能计算出千分之一秒，则要用四舍五入的办法变为百分之一秒。

（3）全国性竞赛使用电动计时时，也必须以人工计时为辅。一旦电动装置发生故障，则以人工计时为准。两种计时的误差，应以两种表之间的平均差来调整。

（4）如用人工计时，则每一计时组不得少于三块表。其有效成绩评定标准如下：以三块表时间为准；如三块表中有两块表时间相同，则以相同的两块表的时间为准；如三块表时间各不相同则以中间表时间为准；如三块表中有一块表失效，则以其余两块表中的较长的时间为准；如三块表中有两块表失效，则以余下的一块表计取的时间为准；如三块表都失效，则以计时长的表为准；如所有的表均失效，则让运动员重新滑行，重新评定成绩。

抵达终点

运动员抵达终点的标准：人工计时时，以任一只脚的脚尖抵达终点为准；电动计时时，以任一只腿的膝下部位切断光电线路为准。

成绩标准

（1）各单项成绩是以起点抵达终点的实际滑行时间计算；如果一个单项竞赛多次，则以各次实际滑行时间之和计算。

（2）两名以上运动员的同一单项成绩相同时，名次并列，前后顺序，按出发先后排列。

（3）全能成绩的计算：

①全能所含的每一个单项，只排列前十五名的成绩。前四名的成绩得分为 25 分、20 分、15 分、12 分，第五名得分为 11 分，第五名以下名次的得分均以一分之差递减。最后将各单项得分相加，得分多者，名次列前。

②全能所含的每一个单项，排列全部运动员的名次。每个运动员的每一单项的得分，均从国际雪联规定的高山积分表中直接查出，最后将各单项得分相加。得分多者名次列前。

③采取将各有关单项成绩汇总的计算方法，不再另行竞赛。

④全能得分相等时，以滑降成绩优者列前；如滑降成绩也相等，则以大回转成绩优者列前。

⑤每次竞赛采取的计算方法，在规程中规定。

（4）如在当日恢复因故中断的竞赛，则已进行完的成绩有效；如在第二天以后恢复竞赛或取消了该项竞赛，则已进行完的成绩全部无效。

成绩与成绩公布

（1）由起点至终点的实际滑行时间为运动员成绩。

（2）成绩公布：

①每项竞赛结束后，尽快把成绩与公布的时间一并加以公布，公布后的 15 分钟内没有提出异议，即变为正式成绩。

②正式成绩公报里，要记载运动员的姓名、号码、出发顺序、每项

每次成绩及名次。另外，还要记载参加单位、输送单位、单位编号、出生年月日、参加竞赛运动员的总数、途中弃权、线路的技术数据、气象、公布时间、裁判长签字等。

③成绩册可由成绩公报装订而成，于赛会结束同时分发给参加单位及邮寄有关单位。领队和教练员每人一册。

④成绩公报，必须按下列要求用 26 厘米×19 厘米的色纸印刷：

滑降：黄色

回转：蓝色

大回转：粉红色

全能：白色

PART 9 风格流派

滑雪运动的含义为：人基本呈站立姿态，双脚各踏一只滑雪板（或双脚共同踏一只较宽的滑雪板），双手各持一只滑雪杖（或双手共持一只滑雪杖或双手不持滑雪杖），在雪面上滑行（或再辅以其他形体动作）的体育运动。

滑雪运动从诞生以来，经过几千年的演化、变迁，分别经历了原始、古代、近代、现代四个阶段。滑雪运动属于古老的体育运动，但它又是具有长盛不衰活力的体育运动。

从功能的角度分类：

从滑雪的功能角度可分四大类，即实用滑雪、竞技滑雪、大众休闲旅游滑雪、特殊滑雪。竞技滑雪与大众滑雪是当代滑雪运动的主流。实用滑雪的功能日趋淡化，特殊滑雪只用于特定场合中。大众休闲滑雪发展到一定阶段，与竞技滑雪运动的"血缘关系"更加明显。大众滑雪初、中级水平阶段带有普及性，而竞技滑雪表现出明显的专业性。

竞技滑雪运动项目：

竞技滑雪运动形成几大门类，以竞赛为宗旨，每类项目又包括很多小项目。虽然小项目亦在变化调整中，但竞技滑雪的分项很严谨、规范。国内比赛项目、洲际比赛项目、世界性比赛项目、冬奥会比赛项目均有所不同，奥运会竞技滑雪项目通常有：

（1）高山滑雪

男、女滑降，超级大回转，大回转，回转，综合（滑降＋回转）。

（2）北欧滑雪

内含大项有越野滑雪、跳台滑雪、北欧两项（越野自由技术＋跳台）滑雪。

越野滑雪：男、女单人项目，团体接力追逐项目；技术上又分为传统技术、自由技术项目。跳台滑雪：目前只有男子项目，有单人及团体项目。北欧两项滑雪：目前，只有男子项目，有单人及团体接力项目。

（3）自由式滑雪

男、女空中技巧，雪上技巧。

（4）单板滑雪

男、女 U 型场地单板雪上技巧，双人平行大回转比赛，四人追逐赛。

（5）冬季两项男、女个人追逐及团体接力项目。

高山滑雪

滑雪运动项目之一。运动员足登滑雪板、手持雪杖从覆雪的高山上向下绕障碍滑行。因兴起于欧洲中部阿尔卑斯山脉高山地带，又称阿尔卑斯滑雪。1936 年第 4 届冬季奥林匹克运动会开始列为正式比赛项目。现有项目包括滑降、回转、大回转、超级回转和高山两项（滑降与回转）。

19 世纪末，居住在阿尔卑斯山麓的奥地利人 M. 茨达尔斯基（1856～1940 年），在 1890～1896 年期间，专门研究在高山陡坡上的下滑技术，对滑雪工具进行了改革和创新。把原来挪威式 2.4 米长的雪板改为 1.8 米长，雪板固定器也改由金属制造，并采用一根长雪杖，创造了犁式制动系统的高山滑雪技术，奠定了至今尚在运用的高山滑雪转弯技术的基础。高山滑雪的历史虽不如越野滑雪悠久，但受到人们喜爱，并成为与冬季高山疗养旅游相结合的运动。高山滑雪的场地比所有运动项目的活动面积和范围都更广阔。在 1936 年举行的第 4 届冬季奥运会上，高山滑雪仅设有男、女高山两项的比赛。从第 5 届冬季奥运会开始增加滑降、回转两项，第 6 届冬奥会又增设大回转比赛项目。从第 15 届冬季奥运会开始，又把男、女高山两项及特大回转列为正式比赛项目。在非冬季奥运会年，还有一年一度的世界杯赛及两年一度的世界锦标赛。

回转

回转高山滑雪比赛项目之一。也称回转滑雪或回转障碍。1948 年第 5 届冬季奥运会开始列为比赛项目。比赛在覆雪的山坡上进行。线路长度：男子为 600 ~ 700 米，女子为 400 ~ 500 米。起终点高标差：男子 140 ~ 220 米，女子 120 ~ 180 米。线路中坡度在 30 度以上的地段须占 1/4。线路上设置多种形式的旗门，组成障碍。男子 55 ~ 75 组，女子 45 ~ 60 组。运动员从山顶沿线路连续转弯穿越旗门障碍下滑。

比赛要求在不同的两条线路上各滑行 1 次，以两次滑行时间之和计分评定名次。如第 1 次滑行犯规，则失去第 2 次滑行机会。滑行时碰倒旗杆不算犯规，漏门或骑杆过门则属犯规，不计成绩。旗门由两面 40 厘米×40 厘米的旗组成，旗的颜色有红色和蓝色两种。一组门旗用同一颜色。线路两侧各插一面叫开口门。与前进方向平行的两面旗叫闭口门。以开口门、闭口门为基础可以组成蛇形门、三角门等多种门形。沿线路用红蓝两色旗交替组成多种门形，使运动员下滑时必须连续转弯方能通过旗门。旗门宽 4 ~ 5 米，两门相距 15 米左右。比赛前运动员可以由下往上察看线路，但不得由上向下模拟滑行。

山地小回转

小回转滑雪，要求运动员从高山上滑下时不断穿过门形和障碍物，连续转弯高速下滑，是一项竞速滑雪比赛。比赛线路长度男子为 600 ~ 700 米，女子 400 ~ 500 米，坡度 30 度以上的段落占比赛全程的四分之一。标高差男子为 140 ~ 200 米，女子为 120 ~ 180 米。在男子的比赛线路上插有 55 ~ 75 个门形，女子比赛线路上插有 45 ~ 60 个门形。比赛中在高速转弯通过线路上的各种门形时，需要两脚过门。碰倒旗杆不算犯规，漏门或骑杆过门算犯规不计成绩。在两条线路上各滑一次，以两次成绩总和评定名次，如第一次犯规则不能滑第二次。比赛前可以从上向下察看线路，但不能着滑雪板从上向下摸拟滑行或穿越门形。

大回转滑雪

高山滑雪比赛项目之一。1952 年第 6 届冬季奥运会开始列为比赛项目。比赛在坡度 5°～32° 的覆雪山坡上进行。线路长度男子为 1500～2000 米，女子在 1000 米以上。起终点高标差：男子 250～400 米；女子250～350 米。线路上设置多种形式的旗门，组成障碍。运动员从山顶沿线路通过旗门下滑。

其技术介于滑降和回转之间，既要有滑降的速度，又要有回转的快捷转变。比赛方法同回转，也是以两次滑行时间之和计分评定名次。滑行时碰倒旗杆不算犯规，漏门或骑杆过门则属犯规，不计成绩。如第 1次滑行犯规，则失去第 2 次滑行机会。门旗分红色和蓝色两种，旗幅均为 75 厘米 ×50 厘米，旗面对角饰以白条。旗门宽 8 米左右。沿线以红蓝两色旗交替组成多种门形，使运动员下滑时必须转弯方能通过旗门。其转变速度设计为 15 米/秒～29 米/秒，低于回转的转弯速度。比赛前运动员可由下往上察看线路，但不得由上向下模拟滑行。

超级大回转

比赛按一次滑行成绩决出名次。滑降道落差最大，距离也最长，最高时速达 130 千米。超级大回转由于旗门数较多，速度稍慢。

速滑

速滑为滑雪比赛项目之一。1948 年第 5 届冬季奥运会开始列为单独比赛项目。比赛在覆雪的高山上进行，坡度 5°～35°，平均 20 度。线路长 2000 米左右，起终点高标差男子为 800～1000 米，女子为 500～700 米。线路两旁设置一定数量的小旗，组成门形。运动员从山顶以最高速度沿线路通过旗门下滑。以滑降两次的时间计成绩。

门旗颜色，男子比赛为红色，女子比赛为红蓝两色交替。旗幅为

100 厘米 × 75 厘米，一个旗门由 4 根旗杆两面旗组成。门旗置于线路两侧，与滑降方向垂直。旗门间距 4 ~ 8 米，上下旗门相距 30 米左右。滑降以竞速为目的，时速一般在每小时 100 千米以上。因此直线滑降时，身体要尽可能团缩，转弯时要求重心转换快。为安全起见，规则规定运动员必须戴头盔。

速滑

越野滑雪

　　越野滑雪起源于北欧，故又称北欧滑雪。据记载，1226 年挪威内战时期，两名被称为"桦木腿"的侦察兵，怀揣两岁的国王哈康四世，滑雪翻越高山，摆脱了敌人。现挪威还每年举行越野马拉松滑雪赛，距离 35 英里，与当年侦察兵所滑路程相同。越野滑雪比赛路线分上坡、下坡、平地，各占全程的三分之一。单项比赛出发时，每次 1 人，间隔 30 秒，顺序由抽签决定，以到达终点的时间确定名次。接力项目比赛时，集体出发，道次由抽签决定，以每队队员滑完全程的时间之和计算成绩和名次。

　　越野滑雪借助滑雪用具，运用登山、滑降、转弯、滑行等基本技术，滑行于山丘雪原的运动项目。起源于北欧，又称北欧滑雪，是世界运动史上最古老的运动项目之一。1924 年首次列入冬季奥运会比赛项目。比赛有男子 15 千米、30 千米、50 千米单项和团体接力比赛；女子有 5 千米、10 千米、20 千米单项及团体接力赛。为有利于发挥速度，应避免坡度过长、过陡和急转弯地段。运动员按赛前抽签决定的顺序佩戴号码布，着经裁判检查认可并打有标记的滑雪板。

跳台滑雪

跳台滑雪是滑雪运动项目之一，运动员足登滑雪板，不持雪杖，滑过覆雪的跳台后跃起，飞腾而下。简称"跳雪"。跳台利用自然山势建造，滑雪者通过一段助滑区从台端引跳，以飞行距离和动作完美情况计分。1924 年第 1 届冬季奥运会即列为正式比赛项目。跳台滑雪起源于挪威。1879 年在挪威的奥斯陆举行了历史上第一次跳雪比赛。跳台滑雪的飞行距离，随着运动技术及跳台性能的逐渐提高而增大。1868 年挪威诺尔海姆创造的飞行距离是 19 米，1934 年挪威 B. 鲁德竟创造了 92 米的飞行距离。为了能发挥运动员的才能，有人修建了跳飞性能为 150 米级的跳台，并组织了"自由飞跳雪比赛"。1976 年在联邦德国的奥伯斯特德洛夫跳台举办的这种比赛中，奥地利运动员 T. 英瑙尔创造了 176 米的飞行距离。他后来在 1980 年第 13 届冬季奥运会上获得了 70 米级跳台滑雪比赛的金牌。

冬季奥运会正式比赛的跳雪项目为 70 米级台和 90 米级台两项比赛。1992 年第 16 届冬季奥运会取消了 70 米级台，改为 90 米级台和 120 米级台，在 1964 年以前的 8 次冬季奥运会中，由于跳台规格不统一，只能以主办国的跳台为准进行比赛。从 1964 年的第 9 届冬季奥运会开始，国际滑雪联合会明确规定了跳雪比赛的跳台级别。所谓 70 米级台和 90 米级台，并不是指跳台本身的高度，而是指跳台的性能。助滑道坡度大而长的跳台性能更高，运动员从此助滑道下滑所得的速度就大，跳飞距离自然就远。

跳台滑雪的基本技术分为 5 个部分：助滑、起跳、空中飞行、着陆、终止区滑行。助滑：运动员沿着 35～37 度坡的助滑道下滑加速，为了减少空气阻力，身体尽量成流线型。起跳：当运动员以每秒 25 米以上的速度下滑至台端的起跳板（它与助滑道成 9～11 度角仰起）时，运动员向上奋力一跳，身体被抛向空中。空中飞行：为了减少前进的空气阻力和增加升力，身体应与双滑雪板平行，与水平面成 8～10 度的倾斜角并维持平稳，沿着抛物线轨迹向前飞落。着陆：与飞机着陆相似，经缓冲，平稳而安全地落在着陆坡上。为此，两腿应一前一后成弓箭步以减少冲击，两臂侧平举保持平衡并继续下滑。终止区滑行：在下滑通过 K 点（着陆坡转为平地处）后，尚需保持平稳，继续滑行并可做适当的制动减速动作（有的场地此段为逆坡滑行自动减速），最后以急停动作停止在终止区。规则规定，飞行距离及各阶段的技术动作完成情况，两项满分各为 60 分。比赛规定每人跳飞两次，得分总和多者为胜。

北欧两项

由 15 千米越野滑雪和 70 米跳台滑雪两项组成的冬季运动会项目，简称北欧两项，又称滑雪两项全能。1924 年第 1 届冬季奥运会即列为正式比赛项目。北欧斯堪的那维亚半岛地区冬季雪多，适于开展滑雪运动，但因缺乏阿尔卑斯山脉那样的高山，高山滑雪不够普及和发达，而越野滑雪和跳台滑雪却得到较好的开展。于是出现了既要求越野滑得快，又要求跳雪跳得远的北欧两项比赛项目。这个项目是北欧几个国家的体育强项。1988 年第 15 届冬季奥运会开始设团体项目，跳台为 70 米级，滑雪为 3×10 千米接力。1992 年第 16 届冬季奥运会台级为 90 米级，越野滑雪个人项目仍为 15 千米，团体为 3×10 千米接力。

比赛规则基本上与越野滑雪和跳台滑雪单项比赛的规则相同。第 1 天先进行跳台滑雪比赛，跳 3 次，取其中成绩较好的 2 次；第 2 天再进行 15 千米越野比赛。比赛规则规定，运动员两个单项的成绩换算为得分再计总成绩和排列名次。70 米跳台的飞行距离超过 60.5 米时，每米分值为 1.6 分。15 千米越野滑雪比赛按名次计分，第 1 名得 220 分，以下名次按 1 分钟等于 9 分值的比率递减。

自由式滑雪

滑雪运动项目之一。运动员足登特短雪板，不持雪杖，在雪上进行各种特技表演。1988 年第 15 届冬季奥运会列为表演项目。1992 年第 16 届冬季奥运会将自由式滑雪中的雪上技巧（男女）列为正式比赛项目，自由式滑雪产生于

自由式滑雪

20 世纪 60 年代末，为美国具有开拓精神的年轻一代滑雪运动员们所创。

最初人们称这种滑雪运动为花样滑雪。1979 年国际滑雪联合会承认这个项目，定名为自由式滑雪，每年在世界各地分别举行世界杯赛。1986 年在法国的蒂尼举行了首届世界锦标赛。自由式滑雪共有 3 项，即空中技巧、雪上技巧、雪上芭蕾。

空中技巧

空中技巧

运动员在覆盖较厚积雪的山坡上，借助下滑惯性在跳台起跳，纵身腾入空中，然后在空中完成各种向前、向后的空翻并加转体等高难动作。评分标准是：腾空、起跳、高度及距离占 20%；身体姿势和技巧动作表演水平占 50%；落地占

30%。根据动作的难易规定不同的难度系数。空中技巧表演场地的跳台分小、中、大3种。

运动员依所做动作的需要自选。但着地必须有37度左右的倾斜度和60厘米以上的软积雪层。

雪上技巧

这是唯一不使用平整场地的滑雪比赛。场地有复杂而连续的小土丘，线路长200米，宽25~35米，坡度为25~35度。在场地中间，设置3个间隔8~15米的控制门。

雪上技巧

在比赛中，运动员可以自由选择路线，但必须通过这3个门。其评分标准为：转弯占50%；腾空占25%；速度占25%。其中转弯的评分标准主要着眼于滑行曲线（即弧度）、沿最大倾斜线下滑情况、上体与下肢的平衡情况、通过难度较大的线路或陡坡时控制雪板的能力等情况。腾空则是指利用滑行惯性，借助土丘使身体脱离地面，在空中所做的技巧表演。比赛进行两次，并且要求不能采用同一组的难度动作。可供选择的难度动作，共分5组14种类型动作。具有代表性的动作有：两臂和两腿同时向体侧展开，两雪板相互平行的大一字跳，身体伸直两雪板并拢身体侧转。

雪上芭蕾

运动员可根据自由表演的动作自由选择音乐伴奏。评分标准为：编排占25%；技术动作难度占25%；艺术表现能力占50%。

雪上芭蕾

雪上芭蕾常用的技巧有：跳跃，如高速跳转动作；旋转，用单脚雪板的360度旋转；连续步法，如逆交叉步等；利用雪杖的空翻，如前后空翻等。

规则规定，空中技巧的比赛分别以两种不同的内容进行两次；雪上技巧和雪上芭蕾各进行一次。

单板滑雪

在国际上，把两脚踩在同一块雪板上进行滑行的雪上运动称为"Snowboard"，在我国翻译为单板滑雪。从器材和技术的角度，单板滑雪大体可以分为高山单板滑雪和自由单板滑雪两大类。高山单板滑雪使用的是高山用单板，是以速度和回转技术为主的运动项目；

单板滑雪运动

而自由单板滑雪使用的是自由式单板，追求的是空中技巧和表演的难度。

单板高山类项目包括回转、大回转、超级大回转、双人平行大回转、自然雪面极限滑降；单板自由类项目包括单板U形场地滑雪、单板空中技巧、场地障碍赛和追逐赛等。

平行大回转

场地长936米，平均坡度18.21度，坡高290米。高度差为120～200米，三角旗门交替放置在左右，约有25个旗门，旗门间距至少8米。起点旗门（高1.10米，底座宽1.30米）的两个立柱高度不同，中间有一面三角旗。比赛开始时，出发门自动开启，两名选手同时出发。选手穿越旗门瞬间，把压力集中在脚尖上，胸部向前挺穿越，通过以后将压力集中在脚跟上。主要技术动作有左右回转。

大回转用靴与滑雪靴相似，但更有弹性。滑板坚硬、狭窄，以利于转向和高速滑行。以滑行速度评定名次。规则规定两次预赛成绩相加排名前 16 位的决赛晋级，之后进行淘汰赛，16 进 8、1/4 决赛、半决赛和决赛。正式比赛时选手抽签每两人一组，在平行赛道上进行两次预赛，第二次预赛要交换赛道。第一次比赛中落后的选手延迟出发，延迟的时间为第一次比赛落后的时间。第二次比赛中率先抵达终点的选手取胜。

U 型池

场地为 U 形滑道，长 120 米，宽 15 米，深 3.5 米，平均坡度 18 度。滑板稍软，较宽，靴底较厚。比赛时运动员在音乐伴奏下在 U 形滑道内边滑行边利用滑道做各种旋转和跳跃动作，一般为 5～8 个造型，五名裁判员根据完成的动作难度和效果评分，每人最高分不超过 10 分，五个得分之和为该选手本轮比赛得分。比赛共有两轮预选赛，首轮预选赛前六名选手直接晋级决赛。其余选手参加第二轮预选赛，前六名选手也获得决赛权。最后 12 名决赛选手进行两轮比赛，根据两轮决赛中的最好成绩排定最后的名次。主要动作有跃起抓板、跃起非抓板、倒立、跃起倒立、旋转等。

单板滑雪越野赛

2006 年都灵冬季奥运会增设单板滑雪越野赛，比赛场地高度差为 100～240 米，平均坡度为 14%～18%，路线长度 500～900 米，赛道宽度约为 40 米，比赛用时约为 40 秒～70 秒。比赛沿途分布着雪丘、跳跃点和急转弯，时常发生碰撞，单板滑雪的参赛选手要通过自己的各种技术越过障碍来完成比赛。比赛最后的成绩以到达终点的时间判定。都灵冬奥会上将有男女各 32 名选手参赛，两轮资格赛上每个选手将单独出发，用时排在前 16 名的选手进入 1/4 决赛。从 1/4 比赛开始，每组有四名选手参赛，获得前两名的进入下一轮。

单板滑雪的运动特点：

炫——单板天生具有灵活性，所以玩家可以很容易地做出许多跳越、腾空和旋转的动作，并可以在 U 形槽、各式铁杆、跳台上大出风头，即使在又宽又直的雪道上做大回转、小回转，也比双板滑雪多几分自由和洒脱。有无数的新、酷动作等着单板玩家去攻克，玩无止境，这或许就是单板"瘾"的根源。

酷——单板滑雪的滑法是将两脚固定在板子上，藉由身体重心来控制板子的滑行。它与冲浪、滑板有异曲同工之妙。而单板爱好者们特立独行"拉风"的装扮和行为，让单板滑雪更像是雪上 Hip - Hop，充满动感和激情，有个性张扬的自由。

飞——与双板滑雪的传统感相比，单板滑雪属于极限运动的一类。在速度中快感飙升，在心跳中挑战自我。驾驭单板在雪上腾飞的画图，不仅已经成为冰雪运动的形象代言，也是每个"板族"的英雄梦想。

"试过单板后，再也不想玩双板了。"有杂志称：在国外，除了老人和儿童还滑双板，其他人都滑单板了。虽然有些夸张，但也说明了雪上运动的趋势。和双板相比，单板让身体更自由，动作更有趣、更刺激，甚至连摔倒后翻滚爬起的姿势都要用"酷"来形容。

"单板需要有人喝彩。"和街舞、滑板等炫酷的项目一样，单板滑雪运动也需要有同伴，有喝彩。尤其是初学阶段，互相鼓励，互相较劲，甚至看到别人摔倒时的狼狈就会增加了你的自信。

现代冬季两项

现代冬季两项——雪上运动项目之一。它是越野滑雪和射击相结合的运动。要求运动员身背专用小口径步枪，每滑行一段距离进行一次射击，最先到达终点者即为优胜。它起源于挪威，与人们在冬季狩猎活动有关，是一种滑雪加射击的比赛。1960 年第 8 届冬奥会将这一项目改称冬季两项并列为正式比赛。1992 年第 16 届冬奥会增设女子比赛。

现代冬季两项

现代冬季两项开始的时候，只有男子项目。分成年组和青年组。成年组项目有 20 千米越野滑雪加四次射击，10 千米越野滑雪加两次射击；团体 4×7.5 千米越野滑雪加两次射击。青年组的项目有 15 千米越野滑雪加三次射击；10 千米越野滑雪加两次射击；团体 3×7.5 千米越野滑雪加两次射击。

现代冬季两项是在 1960 年第八届冬季奥运会上被正式列为比赛项目的。现代冬季两项世界锦标赛也分成年组和青年组。

现代冬季两项历史悠久。在挪威、荷兰和瑞典等北欧国家的一些约 4000 多年前的石制雕刻品中，就刻有两人足登雪板，手持棍棒在雪地里追捕动物的情景。1767 年，守卫在挪威与瑞典边界的挪威边防军巡逻队，曾举办了第一次滑雪和射击比赛。规定滑完全程，滑行途中用步枪射击 40～50 步远的靶标，成绩最优者可得到价值相当于 20 克朗的奖品。这是滑雪与射击结合运动的开始。

PART 10 赛事组织

机 构

国际滑雪联合会

国际滑雪联合会（FIS）简称国际雪联，是国际滑雪界的最高官方组织，该组织在法国夏莫尼第一届冬季奥林匹克运动会期间于1924年2月2日正式成立，当时只有14个协会成员。时至今日，国际雪联由107个不同国家的滑雪协会共同组成。中国滑雪协会于1981年5月加入国际雪联。

国际滑雪联合会的任务是促进滑雪运动的发展并把握其方向，在协会会员及各国运动员之间建立和保持友好的关系，在能力所及范围内，支持协会会员实现其目标，组织世界滑雪锦标赛、世界杯、大洲杯赛和联合会批准的其他比赛，制定比赛规则并监督规则的执行；作为终审机关处理与联合会比赛及规则有关的抗议与法律问题。促进以增进健康为目的的娱乐滑雪，采取各种措施，避免事故的发生，保护环境。

联合会有决策权的是代表大会、理事会和联合会、法庭；起咨询作用的是专门委员会、分委员会和工作组。

代表大会是最高权力机构，每两年召开一次，有权修改章程和比赛规则，审查理事会和审计员的报告，批准财政计划，选举理事会成员，决定协会会员提案，实施惩罚措施，增减比赛项目，确定世界锦标赛的时间、地点等。每个正式会员都有一票表决权，但人数多且符合联合会其他有关条件者可增加到 2 票或 3 票。协会的会员不足 500 人、俱乐部少于 3 个者为联系会员，无表决权。国际滑雪联合会法庭的职能是对违反兴奋剂规定、损坏联合会声誉、无体育道德等行为及理事会所指定的其他案例进行处理。专门委员会和分委员会有理事会根据需要任命，负责提供咨询和处理技术性问题。设有滑板跳雪、规则与管理、北欧两项、高山滑雪（设大洲杯与日程安排、运动员分级、女子运动员、赛道、竞赛规则与管理、世界杯、欧洲杯、北美系列赛日程、澳大利亚——新西兰杯、远东杯、速度滑等分委员会）、自由滑雪（设规则与技术、裁判分委员会）、滑板自由滑、弓步式转弯自由滑、草地自由滑、竞赛装备、法律与安全、医务、滑雪技术与培训、统计、娱乐滑雪、少年儿童、公关与大会传媒、资格、特殊类别滑雪者（设有居民滑雪者、平原地区居民越野滑、大学滑雪者和高级运动员分委员会）等专门委员会，此外还有世界杯和大洲杯、大众越野滑雪、轮滑滑雪、跳雪、跳雪裁判与技术代表、设备与发展等分委员会。

亚洲滑雪联合会

亚洲滑雪联合会是亚洲地区管理滑雪项目的洲际性地区国际组织，也是亚洲奥林匹克理事会的成员。亚洲地区的国际滑雪联合会成员即为亚雪联合会。亚雪联合会是亚洲地区管理滑雪项目的洲际性地区国际组织，也是亚洲奥林匹克理事会的成员。亚洲地区的国际滑雪联合会成员即为亚雪联成员，但非国际雪联成员协会需先申请加入亚雪联，待正式入会后再由亚雪联向国际雪联提出加入申请。

截至目前，亚雪联不同国家和地区的协会成员分布较广，分别是中国、中华台北、中国香港、印度、伊朗、日本、哈萨克斯坦、韩国、黎巴嫩、蒙古、巴基斯坦、吉尔吉斯斯坦和乌兹别克斯坦等。

国际冬季两项联盟

国际冬季两项联盟成立于 1993 年，总部设在奥地利，负责滑雪运动世界锦标赛，世界杯赛的举办，现有 61 个协会会员。该组织的机构有代表大会、执委会、仲裁法庭。代表大会是最高权力机构，每两年召开一次，协会会员均有 1 票表决权。执委会是行政管理机构，由主席、副主席和 5 名委员组成。秘书长是由执委会雇佣的专职工作人员，以咨询人身份出席执委会会议，但无表决权。国际冬季两项联盟设有由代表大会选举产生的技术委员会、医务委员会、运动员委员会和发展委员会，以及由执委会选举产生的营销委员会、信息委员会、财物委员会和法律委员会等专门委员会。仲裁法庭是由 3 名仲裁人组成、主席由具有法律资格的人士担任的独立机构，用以处理联盟与协会以及协会与协会之间的冲突。

中华人民共和国滑雪协会

中华人民共和国滑雪协会（Chinese Ski Association，简称 CSA，以下简称"协会"），于 1984 年成立，为中华全国体育总会和中国奥林匹克委员会所承认的管辖滑雪的全国业余体育组织，会址设在北京。

全国各省、自治区和中国人民解放军的滑雪协会或其它系统性滑雪组织为协会的团体会员。协会的主要任务是：

一、宣传和开展群众性滑雪活动，增强人民体质，提高运动技术水平；

二、采用必要的措施，发现人才，培养后备力量，促进运动技术水平不断提高，攀登世界高峰；

三、参与举办全国和国际滑雪竞赛活动；

四、审查选拔运动员、教练员参加重大国际滑雪竞赛；

五、举办裁判人员学习班。负责考核、考试、审查国家级裁判员，并向国际滑雪联合会竞赛组织推荐裁判员。负责修改、审查竞赛规则和裁判法；

六、举办全国滑雪教练员学习班和座谈会、报告会，组织交流经验，考核和审查滑雪国家级教练员；

七、开展滑雪的科学研究活动；

八、研究和改进滑雪运动的场地、器材等。中华人民共和国滑雪协会遵守国际滑雪联合会的章程、条例和有关竞赛规则等各项规定。

赛 事

国际滑雪主要赛事

（1）冬季奥林匹克运动会，简称冬奥会，属综合性比赛，每四年举行一届。从 1924 年在法国举行第一届以来，共举行了 20 届。

（2）世界高山滑雪锦标赛，每两年举行一届。滑雪其他各项目世界锦标赛均独立举行。

（3）世界杯高山滑雪系列赛，每个年度举行多次，最后一站还有总决赛的性质。滑雪其他各项目都有各自的世界杯系列赛，均单独举行。

（4）世界冬季大学生比赛，属于综合性比赛，每两年举行一届。

（5）世界高山滑雪青年锦标赛，每两年举行一届。

（6）国际其他类型的比赛。其他类型的比赛花样繁多，欧洲每个冬季可多达上百次的比赛。

世界冬季奥运会

提到全世界水平最专业、受关注程度最高的滑雪赛事，当然非冬奥会滑雪莫属。目前冬奥会设有越野滑雪、跳台滑雪、北欧两项滑雪、高山滑雪、自由式滑雪和滑板滑雪以及现代冬季两项等七个项目。

其中，越野滑雪共设 12 个小项，男女各 6 项。在冬奥会历史上，越野滑雪几经添加，在第七届冬奥会增设越野滑雪男子 30 千米和女子 3×5 千米接力的比赛后，又增设了越野滑雪女子 5 千米、越野滑雪女子 20 千米、越野滑雪男子 10 千米，才有了现在的 12 个项目。

现代冬奥会跳台滑雪设男子 90 米个人、120 米个人、120 米团体 3

个小项。跳台滑雪简称"跳雪"，是利用自然山形特别建造的跳台进行的一种滑雪运动，按两次飞跃距离分和飞跃姿势分计算成绩。

高山滑雪设 10 个小项，男女各 5 项。男子项目设：滑降、回转、超级大回转、全能（滑降/回转）；女子项目设：滑降、回转、超级大回转、全能（滑降/回转）。高山滑雪主要分速度系列和技术系列两部分。速度系列分速降和超级大回转。技术系列分大回转和回转。

自由式滑雪设男子雪上技巧、空中技巧，女子雪上技巧、空中技巧 4 个小项。自由式滑雪由空中技巧、雪上技巧和雪上芭蕾三个独立的小项组成。自由式滑雪类似于花样滑冰，根据表演的艺术效果和竞技水平决定个人得分，它要求运动员有非常好的平衡能力和空中控制能力。

滑板滑雪项目设 4 个小项。男子项目设：平行大回转、雪上技巧两个小项；女子项目设：平行大回转、雪上技巧两个小项。滑板滑雪分为高山滑板和自由式滑板。高山滑板是计时项目，自由式滑板则由裁判根据运动员的技巧和表演的难度水平来评分。

北欧两项项目设 3 个小项。个人项目（两次标准跳台的跳台滑雪和一个 15 千米的越野滑雪）、个人竞速赛（1 次大台跳台加上了 5 千米越野滑雪）和团体赛（每队四人，每人完成两次高台跳台和 5 千米越野滑雪）。其中个人竞速为都灵冬奥会新增设比赛项目。北欧两项起源于北欧，由越野滑雪和跳台滑雪组成。

冬季两项设 8 个小项。男子项目设：10 千米竞速、12.5 千米追逐、20 千米个人、4×3.5 千米接力；女子项目设：3.5 千米竞速、10 千米追逐、15 千米个人、4×3.5 千米接力。其中男子 12.5 千米追逐、女子 10 千米追逐是都灵冬奥会新增项目。冬季两项是越野滑雪与射击相结合的混合项目。

瑞典瓦萨滑雪节

瑞典瓦萨滑雪节是在瑞典达拉纳省举办的世界著名的越野滑雪节日，每年都吸引着成千上万自瑞典及全球各地的滑雪爱好者和旅游者。

瓦萨滑雪节的由来要追溯到 400 多年前。1520 年 当时的瑞典处在丹麦国王克里斯蒂安二世的统治之下。古斯塔夫－瓦萨不满丹麦的统治，领导瑞典人的反抗运动。一次，他为取得关键性决战的胜利，被迫高速滑雪 90 千米 穿越达拉纳省，赢得了宝贵时间。最终古斯塔夫－瓦萨打败了丹麦统治者，赢得了瑞典独立从而使自己成为瑞典著名的国王。

1922 年，为了纪念古斯塔夫·瓦萨国王及其在瑞典历史上的成就，在报刊编辑安德斯－佩尔斯（Anders Pers）的倡议下，瑞典创立了一个滑行路线与当年瓦萨滑行的路线相同的滑雪比赛项目，这就是现在的瓦萨国际滑雪节。它以其赛道长度在世界上名列前茅而广受喜爱。第一届瓦萨滑雪比赛于 1922 年 3 月 19 日举行。此后的滑雪节规定在每年 3 月的第一个星期天举行。迄今为止，瓦萨滑雪节已经举行了 92 届，其资历在此类比赛中是难有对手了。

一开始，瓦萨越野滑雪比赛基本上是瑞典国内的滑雪赛事。但很快就从单纯的滑雪比赛变成了瑞典人的一个节日。当地和周围的居民除了每年三月初全家一起出动参加滑雪比赛外，还会领略附近的森林、湖泊美景，玩耍、嬉戏，亲近自然。后来，瓦萨滑雪节越办越好，声名越传越远，吸引的外国参赛者和观众越来越多，终于成了一个举世闻名的国际滑雪胜事。为了照顾各类滑雪人士的需要，瓦萨滑雪节除设有 90 千米正赛之外，还设有 45 千米女子赛、9 千米初学者赛（蓝莓赛）等。

2005 年，参赛的选手来自 40 多个国家，超过 4 万 7 千人。90 千米瓦萨滑雪正赛从索伦到莫拉，坡高林密，滑道蜿蜒，比赛困难不言自明。据说有一年有 3 人猝死在比赛途中。但人们对赛事仍然兴趣很高。每次都有多达 20 万不畏零下 40℃ 严寒的运动员、爱好者、旅游者聚集在瓦萨滑雪出发地。比赛在上午 8 时开始，起点设在一条结了冰的河谷里。一条几百米宽、数千米长的雪道上，15000 参赛者排排站开，运动服五颜六色，滑雪板闪闪发光，只听一声号令，万箭齐发，洪流奔腾，呼声震天，气吞山河。90 千米的赛道上，赛手争先，观者如堵，那气势，那氛围，让你不能不热血沸腾，不能不高声喝彩。

瓦萨国际滑雪节重视发展与中国的关系。2002 年，瑞典国际定向运动组织到中国考察，被长春净月潭地区独特的自然景观和生态环境所吸引，认为这里的环境与北欧相似，决定在这里另辟一处瓦萨国际越野滑雪运动场地。在中国滑雪协会的支援下，在瑞典有着 90 多年历史的瓦萨国际越野滑雪节，于 2003 年走入中国，落户长春净月潭。在当年 3 月 15 日，15 个国家的 750 名滑雪爱好者到长春参加了第一届"净月潭瓦萨"滑雪节，并取得了成功。迄今，在中瑞双方的携手努力下，长春已经举办了 4 届"净月潭瓦萨"国际越野滑雪节。

中国派选手参加瑞典瓦萨滑雪节始于 2005 年。在第 81 届瑞典瓦萨国际越野滑雪节上，第一次出现了中国选手的身影。他们是来自长春队和解放军队的男运动员李阁亮、韩大伟和来自哈尔滨队和吉林队的女运动员李宏雪、王春丽。在 90 千米的比赛中，李阁亮在 15000 名男运动员中名列第 26 位。李宏雪夺得女运动员组第 5 名。中国运动员的不俗表现成为该届瑞典瓦萨越野滑雪节的一大亮点。瑞典电视直播现场解说员评论道："中国越野滑雪选手有望成为瑞典瓦萨滑雪节的主角。"

亚洲滑雪主要赛事

（1）亚洲冬季运动会，简称亚冬会，属综合性赛会，每四年举行一届。从 1986 年第 1 届以来共举行了 7 届。中国于 1996 年在亚布力滑雪场承办了第 3 届亚冬会滑雪的比赛。长春市已争办到 2007 年第 6 届亚冬会的举办权。

（2）亚洲青少年高山滑雪锦标赛，每年举办一次。中国曾于 1994 年在亚布力滑雪场承办一次比赛。

国内滑雪主要赛事

（1）全国冬季运动会，简称全国冬运会，属综合性比赛，每四年举行一届，是国内最隆重的冰雪盛会。第 1 届于 1959 年举行。

（2）全国高山滑雪锦标赛，每年举行一次。其他滑雪各项目也都单独举行全国锦标赛。

（3）全国高山滑雪冠军赛，每年举行一次。其他滑雪各项目也都

单独举行全国锦标赛。

（4）全国大众高山滑雪系列赛。2002～2003 年冬季首次举行，分华北及东北两个赛区，每个赛区各 4 站比赛，比赛项目为男、女超级大回转。参赛者均为大众业余滑雪爱好者。举行这种性质的比赛，是对国内传统比赛体制的突破。随着大众旅游滑雪的开展，大众性比赛会日趋活跃。

（5）目前吉林、黑龙江两省还举行全省的滑雪比赛，每隔四年举行一次省级冬运会的比赛。

PART 11 精神礼仪

滑雪礼仪

如果你已经是中高级的滑雪者了，那么就应该有意识地开始注意滑雪礼仪，做礼貌、规则、有品位的滑雪者。我们为滑雪者提供如下经验：

1. 滑雪者必须前后行为一致，这样才不会危及或伤害他人。

2. 滑雪者必须调整速度与滑行方式、当地地形和天气情况相适应。

3. 从后面来的滑雪者必须选择一条不会危及前面的人的线路。

4. 允许从前后左右方向进行追赶，但距被追赶者必须保持一段距离，让他能完全自由地做各种动作。

5. 处以低位或需要横越雪道的滑雪者必须仔细进行前后检查，以确保此种行为不会危及自己或他人。

6. 坡面停顿：滑雪者和单板滑雪者必须避免在跑道的狭窄地点或盲点做非紧急性停留。跌倒者必须尽快离开这些地点。

7. 向上攀登的滑雪者必须保持在跑道以内并在不良能见度的情况下撤离。这也适用于那些步行攀登的人。

8. 滑雪者必须特别留意雪道上的记号和标记。

9. 所有滑雪者和单板滑雪者必须在意外事件发生时帮助他人。

10. 所有人，不管是目击者或是牵涉其中的人，不管对事故承担责任与否，都必须在事故发生时表明自己的身份。

PART 12 明星花絮

戴安娜·高登

戴安娜·高登是美国的一位极具传奇色彩的滑雪运动员。她 1961 年出生于英国一个平民家庭，很小的时候就梦想成为一名出色的滑雪运动员。然而，成年后她竟患上了骨癌，为了防止癌细胞扩散，医生不得不锯掉了她的右脚。可是截肢并没有奏效，癌细胞还是扩散了，她又失去了子宫和乳房。

但是高登并没有被病魔打倒。相反，她以顽强的斗志和无比的勇气，排除万难，终于创下了多项滑雪世界纪录，其中包括 1988 年冬奥会的冠军，并在美国滑雪锦标赛中赢得了 29 枚金牌。后来，她甚至还成为了一名攀岩好手。

勇者——戴安娜·高登

戴安娜·高登，从五岁开始学习滑雪；但当她十二岁时，医生宣布她"得了骨癌"，必须锯掉右腿！天哪，骨癌？锯掉右腿？那我最热爱的"滑雪"怎么办？然而，戴安娜并不气馁。手术后，尽管只剩下一条腿，她仍然勤练滑雪，更梦想自己能成为世界级的滑雪选手。

后来，父母带她去认识一位"越战老兵"，这老兵也只有一条腿，但滑雪技巧极佳；在那儿，戴安娜重拾往日的信心，也重新学习"单脚滑雪"的技巧。

单脚滑雪，并不是件容易的事，因必须训练很好的平衡感。戴安娜说，有一次快速滑下山坡时，滑倒了，她脚上的滑雪板被甩掉在七、八十公尺外的山坡上；而装有小滑板来帮助平衡的两支雪杖，也成碎片，手套、风镜、帽子和假发，亦掉落四处。她，只剩下"光头"，因那时她还在做癌症化疗，真的头发早就掉光了。

不过，摔倒时的戴安娜故意尖叫："救命啊，我的腿摔没了！救命啊，完蛋啦！我的头发都掉光了！"戴安娜常保持着幽默感，并嘲笑自己；即使摔倒了，也要勇敢地再爬起来！她认为，"坚持是一项荣耀"，她要不断"挑战自己、战胜恐惧"，绝不被骨癌打败。

十多年之后，她完全克服滑雪的障碍，而以一小时六十五英里的惊人速度滑下山坡，风靡了全美国人；她先后获得美国国家残障滑雪赛十九枚金牌、世界残障滑雪赛 十枚金牌，1988 年加拿大奥运女子残障滑雪障碍赛"冠军"也一圆她荣获奥林匹克金牌的美梦。

可是，噩运之神却仍不断盯着她、开她玩笑！戴安娜在三十岁那年，又罹患了"乳癌"，医生无情地切除她的两个乳房。手术苏醒后，戴安娜不断哭泣，"我已经切断一条腿，老天为什么又要拿走我的双乳？这公平吗？"然而，戴安娜无法对抗命运，她只能默默承受这一切噩运的挑战。她说，手术后，她勇敢地去游泳池游泳；在女生浴室内，她生平第一次注意到其他女人的乳房！而她，竟然没有勇气脱下自己的衣服！

不过，回到家时，终究还是要脱下衣服、面对自己。当她站在镜子前面，一直注视着她自己"断了腿、缺双乳"的身躯时，她悟出了道理——"我大腿上、胸脯上的伤痕，都是很了不起的！这都是我'生命的痕迹'！生活，让每个人都留下疤痕，只不过，我的疤痕更明显罢了！而且，这些疤痕告诉我：我没有在生命中退缩！"

从那时起，当戴安娜再去游泳池时，就坦然地在女生浴室里，裸体淋浴了！

不久后，戴安娜在年度身体检查时，发现异状，大夫为她做检验。当她从麻醉中醒来，大夫告诉她："你的癌症已经控制住了，但你的子宫里有一个很大的肿瘤，很可能转化成恶性，所以，我们只好拿掉你的子宫。"

"什么？只好拿掉我的子宫？"戴安娜像听了晴天霹雳，惊叫了起来。这太过份、太恶毒了，我没生过小孩，为什么我已经断了腿、没双乳，你们还剥夺我生小孩的权利？戴安娜不断哭泣着。

不过，当戴安娜平静下来时，又想到那振奋自己的话——"疤痕"是生命的痕迹，我们都没有从生命中退缩！

是的，虽然戴安娜遭受多次无情打击，也想过自杀，但她终究坦然面对生命，勇敢站了起来！后来，她曾获荣誉博士学位，而前总统布什更颁奖表扬她"坚毅卓越的精神"。

目前，戴安娜是一名"励志演讲家"，当她对听众谈起过去因"乳癌"而切除双乳时，她说："嘿，那只不过是一对乳房而已；而且，它本来也并不怎么大嘛！"全场莫不哄堂大笑。

简·克劳德·基利

简·克劳德基利1943年8月30日出生于法国圣克鲁，作为一名出色的高山滑雪运动员，在1966到1967赛季，他获得世界杯16项比赛中的12个冠军。在1968年法国格勒诺布尔冬季奥运会的高山速降比赛中，他以0.08秒的优势拿下金牌。在大回转项目中，基利以2秒多的优势夺冠。

拿下了高山滑雪的前两个项目后，基利在随后举行的回转项目中的第一轮就名列第一，第二轮基利延续自己的稳定发挥，并最终拿到金牌，成功横扫高山滑雪，将3枚金牌留在法国，这一成绩载入了世界奥林匹克史册。退役后，基利在法国和欧洲体育界十分活跃，担当1992年法国阿尔贝维尔冬季奥运会组委会副主席，并于1995年成为国际奥委会的委员之一。

截至到 2014 年索契冬奥会，基利已经四次在协调委员会中任职：1998 年长野冬奥会协调委员会成员，2002 年盐湖城冬奥会协调委员会副主席，2006 年都灵冬奥会协调委员会主席以及 2014 年索契冬奥会协调委员会主席。

简·克劳德·基利

赫尔曼 · 麦尔

奥地利著名滑雪运动员赫尔曼·麦尔出生于 1972 年，由于他父亲是滑雪学校的校长，所以他从小就开始滑雪运动参加比赛。1996 年 2 月 3 日，他在奥地利某沙龙滑雪赛上崭露头角，随后在 1997、1998 的世界杯赛季中获得冠军，1998 年的长野冬奥会上，他的摔落失误的照片传遍了全世界。但是他马上在随后的两项国际赛事上获得金牌。2001 年 8 月 24 日，在一次交通事故中，赫尔曼严重受伤，但是到了 2003 年 1 月 14 日，他神奇般地复出，并且在 2004 年又一次夺得了世界杯赛季的冠军。2004 年 9 月 25 日，奥地利邮政为这位优秀的滑雪运动员发行了一枚纪念邮 B 票。

柳博芙 · 叶戈罗娃

叶戈罗娃是俄罗斯著名的滑雪名将，是冬奥会历史上获金牌最多的女选手。从 25 岁到 35 岁，她在 10 年里 4 次参加冬奥会。在 1992 年阿尔贝维尔冬奥会上，她摘得 10 千米、15 千米个人和 4×5 千米接力 3 枚金牌。两年后，她在利勒哈默尔冬奥会上又蝉联上述三个项目的冠军。2004 年叶戈罗娃在圣彼得堡宣布退役。

王磊

他是为数不多的亲历第一届到第十届南山公开赛的比赛选手；他是中国单板滑雪界骨灰级资深滑手；他曾是专业运动员，由于伤病离开赛场，在他钟爱的雪场再创传奇；他就是人称"中国单板第一人"的王磊。

王磊 7 岁开始练体操，后来在八一队练跳台滑雪。19 岁，一次意外受伤，让他终止了跳台滑雪。"那是一次跳台滑雪的比赛，由于雪质的原因，我助跑时跌倒，整个身体撞向了护栏，左臂卷进了护栏里，当时胳膊差点被拉掉。左臂腋窝被缝 15 针，两年内动过 7 次手术。"原本是当时国内第一个被列入国家队名单的他不得不因此退役。

中国滑雪第一人——王磊

1994 年，王磊在黑龙江亚布力雪场偶然接触了单板滑雪。他从摸到板的第一天起，就深深爱上了这项运动。"之前都是滑双板，而单板是一块板，侧着滑，感觉就像在山上冲浪一样，非常享受。"

"单板滑雪对于我而言，已经不仅仅是一种爱好，而成为一生的职业，我就是为滑雪而生的。"被誉为"中国单板第一人"的王磊，扛起了引路与推动中国单板运动发展的责任。

"我曾经做过教练，但我觉得那样的推广方式过于单一，只能面对几个学员。现在我拍一些教学片和 DVD，希望这样可以让更多的人从电视、网络等媒体了解这项运动关注这项运动，希望这样可以有助于单板滑雪运动在我国的推广和普及。"王磊说。

"中国单板发展比较晚，整体水平技术、雪场设施都和国外有一定区别，但是进步得很快。"王磊现在的工作和单板相关，一方面做职业选手，一方面做推广。能做自己爱好的事，这让很多人羡慕。不仅在中国，世界各地的雪场都能看到王磊的身影。他说："我们还在新西兰和国外一些地方拍片子，希望通过我的视角把单板滑雪的魅力展现出来，传达我的感受，同时能够帮助这项运动提高，提高自己也提高别人。"尽管目前中国选手尚无法撼动世界顶尖高手的地位，但王磊相信未来一定会有中国选手超越他们。

作为中国单板军团的领军人物，王磊连续十年参加了"红牛南山公开赛"，是唯一能同世界顶级选手竞争的中国人。在第八届红牛南山公开赛上他实现了中国选手历史性突破，成为第一个拿到 TTR 积分进入决赛的中国滑手。

"跟国外长达四十年的单板历史相比，中国的单板成长很快，我们之间的差距正在日益缩短。单板滑雪这种技巧性的项目特别适合中国人，就如体操、杂技一样"。王磊对单板滑雪运动在国内的发展寄予厚望，"这项运动在国内尚不足够普及，限制了优秀选手的产生。但是有红牛南山公开赛这样的比赛以及很多俱乐部的大力推广，肯定能让这项运动越来越好。"

相对于比赛成绩，王磊更看重比赛机会，交流学习是最重要的。有差距才会有目标，中国单板也才会有具体的发展方向"，王磊感叹中国新生代单板滑手们的快速成长。

"新生代滑手们的实力越来越强，去年的第九届红牛南山公开赛，包小果在选拔赛上的一鸣惊人，何伟（小虎）取得了中国选手历史最好成绩，他们的每一步成长都在推进中国单板运动的发展"。王磊说，

"很感谢红牛公司对单板滑雪运动的支持和推广，红牛南山公开赛搭建了中国选手与国际顶尖高手交流切磋的机会。通过这个平台，小果、小虎他们这样的新生代单板滑手对于单板运动和单板文化的理解，在随着与世界优秀单板运动员的不断接触、交流而更加具有国际眼光，他们和外国优秀选手的差距越来越小，只要他们不断的接触世界顶级比赛，与世界顶级选手同场竞技，这些差距很快就会被拉平"。

王磊说，"年轻人的成长是我一直希望看到的，我这么长时间一直在做各种各样的努力，就是希望能有一天被这些孩子们超越，他们的成长是我最大的成就，如果他们没有进步，那么就代表我的一切努力都是做了无用功。我将继续战斗在推动中国单板运动发展的最前线，帮助这些年轻人前进！"

李妮娜

李妮娜是我国自由式滑雪女子空中技巧健将，1983 年 1 月 10 日出生于辽宁本溪，是中国女子自由式滑雪空中技巧项目的当家花旦。在 2002 年盐湖城冬奥会上，李妮娜在队友名将徐囡囡发挥欠佳的情况下，出人意料地为中国队夺得第五名。自 2004 年年底以来，李妮娜在世界杯系列赛中以稳定的发挥六次夺得分站赛冠军，并在赛季结束后以高出第二名将近 400 分的绝对优势夺得世界杯总冠军。此外，她还获得过 2005 年芬兰滑雪世锦赛冠军，2005 年世界杯普莱西德湖站（两站）、鹿谷站、长春站、捷克站、

李妮娜

意大利站冠军,世界杯总冠军,2006年都灵冬奥会银牌,2007年世锦赛冠军,第六届亚冬会冠军,2009年世锦赛金牌等多块奖牌。

李妮娜的特点是发挥稳定,动作质量高,空中姿态优美,她在长春摘取十一运会女子自由式滑雪空中技巧银牌,转战至大冬会连夺两金,而在之后的世界自由式滑雪世锦赛上,李妮娜再次站在最高领奖台上,实现三连霸伟业!

韩晓鹏

韩晓鹏,1982年12月13日出生于江苏沛县,1995年被沈阳体育学院选入自由式滑雪队。2005年自由式滑雪世界杯总排名第三,这是我国男子选手在历史上世界杯总排名的最好成绩。2006年,韩晓鹏在都灵冬奥会上一鸣惊人,首先在预赛中排名第一,之后又在决赛中以250.77分力挫群雄,夺得金牌。这是中国选手在冬奥会历史上第一枚雪上项目的金牌,也是第一枚自由式滑雪项目的金牌,还是第一枚中国男选手获得的冬奥会金牌。

韩晓鹏

创造奇迹的韩晓鹏

韩晓鹏2006年2月23日晚在都灵冬奥会上一鸣惊人,在决赛中以250.77分力挫群雄,以完美的两个动作获得了都灵冬奥会自由式滑雪男子空中技巧金牌,也是中国第一枚自由式滑雪项目的金牌。中国体育代表团团长、国家体育总局局长刘鹏说,中国运动员在都灵冬奥会上再次创造了奇迹。刘鹏说:"今天晚上可以说是创造了两个奇迹,第一个奇迹是实现了中国在冬奥会历史上男子项目金牌零的突破，第二个是实现了中国在冬奥会历史上雪上项目金牌零的突破。这两个突破是多少代人努力的结果，凝聚着多少代人的心血和奉献。多年来，空中技巧的教练员、运动员和其他人默默无闻地在冰天雪地中训练，他们的事迹很少有人知道，他们甘于寂寞、为国奉献的精神在今天终于结出了丰硕的果实。"

韩晓鹏的比赛照片

刘鹏同时表示，冬奥会的比赛高手如云，各国运动员水平大幅提高，我们在冬季项目中还要继续向其他国家选手学习，集众家所长继续大力发展。

巍峨的阿尔卑斯山见证了中国冰雪健儿的飒爽英姿，见证了中国冰雪运动竖起的一座里程碑。韩晓鹏在都灵冬奥会上勇夺自由式滑雪男子空中技巧金牌，实现了中国在奥运征程中的又一次历史性突破，助推中国冰雪运动站上了新的历史起点。

22岁的韩晓鹏像鲲鹏展翅般腾空而起，惊心动魄地战胜欧美国家的众多强手，在一夜之间完成了中国冰雪运动的三大突破。这是中国首次获得冬奥会雪上项目的金牌，是中国男选手首次获得冬奥会金牌，也是中国冰雪运动实现重点项目"由点到面"的实质性突破。

如果说杨扬在盐湖城冬奥会实现金牌"零的突破"是第一座里程碑，那么，韩晓鹏在都灵的这一步跨越与腾飞，就是中国冰雪运动新的里程碑。

这座里程碑凝聚着中国冰雪人代代传承的梦想与精神。中国运动员最初参加冬奥会时连报名都还不会，常常是在零下20多摄氏度的严寒中训练。包括韩晓鹏在内，几乎所有的运动员浑身是伤。在白俄罗斯、加拿大等选手面前，韩晓鹏是真正的"无名之辈"，然而他完整地诠释了中国体育不畏艰难、顽强拼搏的精神，赢得了观众的喝彩，也赢得了对手的尊重。

徐囡囡

徐囡囡，国际运动健将，爱好棋类，音乐，1993 年由沈阳体院调入长春市体工队。中国著名自由式滑雪空中技巧运动员。曾获 1998 年长野冬奥会银牌。

徐囡囡走上滑雪道路，其实是比较曲折的。从怀揣着舞蹈梦，到转投艺术体操，再到练习技巧，几经变化。练习了一段时间的技巧之后，渐渐长高的身体已令她无法再出成绩，于是徐囡囡便想另寻他路。恰逢技巧队里有一个女孩去练习自由滑雪，徐囡囡就偷偷地问她："练习自由滑雪需要压腿吗？"女孩答："不需要，练习滑雪很有意思，夏天可以游泳，冬天还可以溜旱冰。"徐囡囡一听说练习滑雪不用"压腿"，当即就拍板决定练滑雪。

1993 年，徐囡囡来到沈阳体育学院开始练习自由滑雪空中技巧项目。徐囡囡告诉记者，那个时候，中国的自由滑雪空中技巧项目尚属空白，教练和运动员都在摸索阶段，而她便成为练习该项目的第一批专业运动员。

都灵冬奥会，李妮娜、徐囡囡、郭心心、王姣组成的中国军团在女子自由式滑雪空中技巧比赛中大放异彩。尽管由于动作难度的原因，四朵金花中只有李妮娜获得了一枚银牌，但她们仍然向世界宣告：中国女子自由式滑雪空中技巧的整体实力世界第一！

赛后，老将徐囡囡给家里打了电话，她对母亲说，对自己和队友的表现比较满意，就是有一些遗憾。差距越小，遗憾越大。对于这位在1998 年长野冬奥会上为中国夺得第一枚雪上项目银牌和多次世界杯冠军的 28 岁老将来说，4 年后的奥运会可能只是一场梦。回国后，徐囡囡首先要接受的是一个半月的手术。8 年的时间，徐囡囡见证了中国女子空中技巧队的成长，品尝到的却是遗憾。但此时，她心里想的最多的却是李妮娜、郭心心、王姣等队友能够继续拼搏，2010 年为中国夺得冬奥会女子自由式滑雪空中技巧比赛的金牌。

从某种角度讲，徐囡囡可谓是中国雪上项目的开拓者之一，也是中国自由式滑雪项目由弱小到强大、由平淡至辉煌的历史见证人。

PART 13 历史档案

1924 年第一届冬季奥林匹克运动会

比赛项目

有舵雪橇、冰壶、花样滑冰、冰球、冬季两项（越野滑雪与射击）、北欧两项（越野滑雪、跳台滑雪）速度滑冰

参赛国家及地区

- 奥地利
- 比利时
- 加拿大
- 捷克斯洛伐克
- 芬兰
- 法国
- 英国
- 匈牙利
- 意大利
- 拉脱维亚
- 挪威
- 波兰
- 瑞士

- 瑞典
- 美国
- 南斯拉夫

奖牌榜

1924 年冬季奥林匹克运动会

名次	国家	金牌	银牌	铜牌	总计
1	挪威	4	7	6	17
2	芬兰	4	4	3	11
3	奥地利	2	1	0	3
4	瑞士	2	0	1	3
5	美国	1	2	1	4
6	英国	1	1	2	4
7	瑞典	1	1	0	2
8	加拿大	1	0	0	1
9	法国	0	0	3	3
10	比利时	0	0	1	1
	总数	16	16	17	49

注：有两个国家在 500 米速度滑冰项目上并列铜牌。

2006 年冬季奥林匹克运动会
高山滑雪比赛

各国奖牌榜

名次	国家或地区	金牌	银牌	铜牌	总数
1	奥地利	4	5	5	14
2	美国	2	0	0	2
3	克罗地亚	1	2	0	3

名次	国家或地区	金牌	银牌	铜牌	总数
3	法国	1	1	0	2
4	瑞典	1	0	3	4
5	挪威	1	0	0	1
6	瑞士	0	1	2	3
7	芬兰	0	1	0	1

男子成绩

滑降赛（Downhill）

法国运动员德尼里亚兹为法国赢得本届冬季奥运中的首面金牌。

奖牌	运动员	时间
金牌	法国 德尼里亚兹	1：48.80
银牌	奥地利 瓦尔乔菲尔	1：19.52
铜牌	瑞士 科宁	1：49.82

男子曲道（Slalom）

于2月25日结束的男子曲道小项中，奥地利运动员包办该小项的金、银、铜牌。

奖牌	运动员	时间
金牌	奥地利 莱希	1：43.14
银牌	奥地利 雷恩弗雷德	1：43.97
铜牌	奥地利 舒恩菲尔德	1：44.15

男子大曲道（Giant Slalom）

奖牌	运动员	时间
金牌	奥地利　本杰明·莱希	2：35.00
银牌	法国　若埃尔·舍纳尔	2：35.07
铜牌	奥地利　赫尔曼·梅尔	2：35.16

男子超级大曲道（Super－G）

于当地时间结束的男子超级大曲道赛中，挪威的克雷蒂尔·安德雷·奥莫特成功蝉联金牌，成为冬季奥运中首位连续四度赢得金牌的运动员。

奖牌	运动员	时间
金牌	挪威　克雷蒂尔·安德雷·奥莫特	1：30.65
银牌	奥地利　赫尔曼·梅尔	1：30.78
铜牌	瑞士　安布罗西·霍夫曼	1：30.98

男子混合式滑雪（Combined）

奖牌	运动员	时间
金牌	美国　里格蒂	3：09.35
银牌	克罗地亚　科斯塔里奇	3：09.88
铜牌	奥地利　绍恩菲尔德	3：09.88

女子成绩

女子滑降赛

女子滑降赛小项中，赛事中的热门尔道和蒙特里克、卡尔斯都于练习时受伤。

奖牌	运动员	时间
金牌	奥地利 米卡埃拉·多夫梅斯特	1：56.49
银牌	瑞士 马蒂娜·谢尔德	1：56.46
铜牌	瑞典 安佳·帕尔森	1：57.13

女子曲道

奖牌	运动员	时间
金牌	瑞典 安雅·佩尔森	1：29.04
银牌	奥地利 霍斯普	1：29.33
铜牌	奥地利 谢尔德	1：29.79

女子大曲道

奖牌	运动员	时间
金牌	美国 朱丽娅·曼库索	2：09.19
银牌	芬兰 塔尼娅·波蒂埃宁	2：09.86
铜牌	瑞典 安娜·奥托松	2：10.33

女子超级大曲道

奖牌	运动员	时间
金牌	奥地利 米卡埃拉·多夫梅斯特	1：32.47
银牌	克罗地亚 加尼卡·科斯泰里奇	1：32.74
铜牌	奥地利 米卡埃拉·多夫梅斯特	1：33.06

女子混合式滑雪

奖牌	运动员	时间
金牌	克罗地亚 加尼卡·科斯泰里奇	2：51.08
银牌	奥地利 玛里斯·希尔德	2：51.58
铜牌	瑞典 安尼娅·帕尔森	2：51.63

2010 年冬季奥林匹克运动会
高山滑雪比赛

各国奖牌榜

排名	国家/地区	金牌	银牌	铜牌	总数
1	美国	1	3	3	7
2	挪威	1	1	0	2
3	奥地利	1	0	1	2
4	德国	1	0	0	1
4	瑞士	1	0	0	1
4	斯洛文尼亚	0	1	0	1
4	瑞典	0	0	1	1

男子成绩

项目	金牌		银牌		铜牌	
速降（详细）	德法戈瑞士（SUI）	1:54.31	斯文达尔挪威（NOR）	1:54.38	博德·米勒美国（USA）	1:54.40
超级大回转（详细）	阿·斯文达尔挪威（NOR）	1:30.34	博德·米勒美国（USA）	1:30.62	安·韦布雷切特美国（USA）	1:30.65
大回转（详细）	CarloJanka瑞士（SUI）	2:37.83	Kjetil Jansrud挪威（NOR）	2:38.22	Aksel Lund Svindal挪威（NOR）	2:38.44
小回转（详细）	拉佐利意大利（ITA）	1:39.32	伊维泰里奇克罗地亚（CRO）	1:39.48	麦哈尔瑞典（SWE）	1:39.76
超级全能（详细）	博德·米勒美国（USA）	2:44.92	科斯特里奇克罗地亚（CRO）	2:45.25	楚尔布里根瑞士（SUI）	2:45.32

女子成绩

项目	金牌		银牌		铜牌	
速降 （详细）	林赛·冯恩 美国 （USA）	1:44.19	茱莉亚·曼库索 美国（USA）	1:44.75	格尔格尔 奥地利 （AUT）	1:45.65
超级大回转 （详细）	安德娜·费捷 巴赫　奥地利 （AUT）	1:20:14	蒂娜 斯洛文尼亚 （SLO）	1:20;63	林赛·冯恩 美国 （USA）	1:20;88
大回转 （详细）	雷本斯堡 德国 （GER）	2:27:11	蒂娜·玛茜 斯洛文尼亚 （SLO）	2:27:15	伊丽莎白.歌拿 奥地利 （AUT）	2:27:25
小回转 （详细）	Maria Riesch 德国（GER）	1:42.89	Marlies Schild 奥地利（AUT）	1:43.32	Šárka Záhrobská 捷克（CZE）	1:43.90
超级全能 （详细）	里希（德国）	2:09.14	曼库索（美国）	2:10.08	佩尔森（瑞典）	2:10.19

中国滑雪运动的几个"第一"

中国的现代滑雪运动起于 1957 年，经过 50 多年的发展，已经形成了一定的规模，滑雪竞技水平虽与世界其他顶尖选手尚存在一定差距，但是也培养出了无数优秀的滑雪运动员。

发展历程

中国第一次滑雪比赛：1957 年 2 月在吉林省通化市举行。

中国第一届全国冬季运动会：1959 年 2 月在吉林市举办了第一届全国冬季运动会。

中国首次参加冬奥会滑雪比赛：1980 年 2 月，中国首次参加在美国普莱西德湖举办的第 13 届冬季奥林区克运动会。

全国第一个滑雪冠军：单兆鉴（1957 年 2 月，全国第一次滑雪比赛滑雪越野男子 10 千米）。

中国第一个亚洲滑雪冠军：唐玉琴、宁世姬、卢风梅、常德珍（1986 年 3 月，日本札幌亚洲第一届冬季运动会，滑雪越野 4×5 千米项目）。

中国第一个世界杯冠军：郭丹丹（1987 年 8 月，澳大利亚墨尔本，自由式滑雪空中技巧女子项目）。

中国第一枚冬奥运会奖牌获得者：徐囡囡（1998 年 2 月，日本长野第 18 届冬季奥运会，自由式滑雪空中技巧女子项目）。

中国第一枚冬奥运会金牌获得者：韩晓鹏（2006 年 2 月 24 日，都灵冬奥会自由式滑雪男子空中技巧项目）。

中国第一本滑雪技术书籍：1957 年出版的《滑雪技术》，由顾明师编译。

中国第一部滑雪竞赛规则：1956 年以油印本颁发，1957 年正式出版。

中国第一部滑雪运动史：《中国滑雪运动史》，由刘少年、单兆鉴、张德山等撰写，1994 年出版。

中国第一次承办亚洲冬季运动会滑雪比赛的场地：黑龙江省亚布力滑雪场，1996 初。

中国第一个国家训练基地：吉林省长白山国家冰雪训练基地。

PART 14

中外著名滑雪场

国内七大滑雪场

越是在寒冷的冬季，越是会有某些东西在你的身体内苏醒。我们从全国最令人眼晕的冰山、雪原中选出了这 7 个玩乐之地，不管是去享受风景还是去尝试某种极限运动，都是这个季节在这个星球上最极致的享受。

亚布力滑雪场

亚布力滑雪场位于黑龙江省尚志市东南部，距哈尔滨市 190 千米。亚布力滑雪场的俄语原名亚布洛尼，为"果木园"之意；清朝时，为皇室及满清贵族的狩猎围场。

亚布力滑雪场

亚布力滑雪场是目前国内最大的滑雪场和最大的综合性雪上训练中心，始建于 1980 年，主要由高山滑雪场、自由式滑雪场、跳台滑雪场、越野滑雪场和冬季两项滑雪场 5 个竞技、训练场地和 2 个旅游滑雪场组成。滑雪中心分为两大滑雪区域：一个是亚布力竞技滑雪场，主要用于举办国际国内竞赛，也可供中、高级滑雪水平的滑雪者使

用；另一区域是风车山庄滑雪场，主要是供不同水平的滑雪者进行旅游滑雪和一般性竞赛滑雪。

亚布力滑雪场最高处海拔 1374.8 米，这里的极端最低气温是 −44℃，平均气温 −10℃，积雪期为 170 天，滑雪期近 150 天，每年的 11 月中旬至次年 3 月下旬是这里的最佳滑雪期。

整个滑雪场处于群山环抱之中，林密雪厚，风景壮观。锅盔山主峰三锅盔已经辟为大型旅游滑雪场，大锅盔和二锅盔曾是第三届亚冬会赛道，现在是国家滑雪运动员的训练基地。

雪场拥有多台造雪机、压雪机、雪上摩托车等现代滑雪场机械设备；雪道设有多条吊椅式和牵引索道，滑雪者可以从任何一处乘索道，不需要脱掉雪板，滑遍场内全部雪道。无论从雪道的数量、长度还是落差方面来看，亚布力滑雪场都远远胜于国内的其他滑雪场，它无疑是中国最好的滑雪场。

长白山滑雪场

长白山滑雪场地处长白山自然保护区原始森林中，位于吉林省安图县二道白河镇，距长春市 500 多千米，距延吉市约 270 千米，距安图市约 190 千米。滑雪场以长白山 16 峰为依托，南有天池、二道白河，东有圆池，北有地下森林等游览区。雪场高出海平面 1640 ~ 1820 米。这里的雪质非常接近法国及意大利北部地区的雪质。雪场自然条件非常好，风景优美。自 1959 年以来，全世界已经有上千名运动员在这里滑雪。

长白山滑雪场

长白山与五岳齐名，为关东第一山，素有"千年积雪为年松，直上人间第一峰"的美誉，到此处旅游景点较多。长白山天池是我国最大的火山口湖，略呈椭圆，如莲花露出水面，似碧玉镶嵌在 16 峰间。与天池作伴的还有两个明镜似的湖泊，如两只眼睛注视着人世间的沧桑，可谓"一泓天池水，层峦叠嶂峰。苍穹云袅娜，又来万道虹"。

此外，在黑风口滚滚黑石下面，有几十处大如碗口小有指粗的温泉群。它是长白山火山爆发留下的痕迹。数十个泉口终日不断从岩缝中喷出沸腾 60~82℃ 的热水。由于水中含有硫化物，把周围的岩石、沙砾染成金黄、碧蓝、殷红、翠绿等颜色，闪烁在蒸腾的热气中，显得格外悦目。在冬季，周围是一片银装素裹，冰天雪地，而这里却热气腾腾，烟雾袅袅，的确别有一番景致。

当你感觉寒气彻骨的时候，可以到温泉享受春天般的温暖。温泉的水温可达 82℃。一天紧张的滑雪之后，到这里放松一下，实在也是一种难得的享受。

吉林北大湖滑雪场

吉林北大湖滑雪场位于吉林市永吉县五里河镇，距市区 56 千米，地处长白山余脉、松花湖自然风景区内，是我国重要的滑雪运动基地和滑雪旅游中心。

北大湖滑雪场有得天独厚的自然条件。这里山坡平缓，

吉林北大湖滑雪场

很少悬崖峭壁，海拔超过 1200 米的山峰有 9 座，一年中积雪日达 160 天左右。积雪深度山上和山下不一，最厚可达 1.5 米。整个北大湖滑场区域三面环山，冬季避风好，有时近似无风状态，气候较为适宜。北大湖滑雪场，可以满足高山滑雪、越野滑雪、跳高滑雪、自由滑雪、现代两项及雪橇、雪车等雪上项目场地要求，所拥有的配套生活条件，也达到国际雪上竞赛场地的水平。

北大湖滑雪场除滑雪外，没有太多的风景点可以旅游，但是吉林市的雾凇却以其"冬天里的春天"般诗情画意的美，同桂林山水、云南石林、长江三峡一起被誉为中国四大自然奇观。所以，到吉林不但可以滑雪还可以欣赏美丽的雾凇。雾凇出现于每年的11月下旬至次年的三四月，约六七十次。

北京南山滑雪场

北京南山滑雪度假村位于首都近郊东北方向的密云县，距县城正南方约3千米，距北京市望和桥62千米，是30分钟即可到达的北京近郊滑雪场。南山滑雪度假村占地面积4000余亩，拥有华北区最大的滑雪场——南山滑雪场。其单板滑雪教练均拥

北京南山滑雪场

有ASA奥地利单板协会核发的国际单板滑雪教练证书。6台奥地利大功率造雪机、加拿大进口雪地摩托、大小7架拖牵设备（拖着滑雪者上山的设备）及1000余米长的大型缆车等专业设施直接将人带入专业滑雪环境。

南山滑雪场规模大。由于雪场的建设者大多来自我国的滑雪胜地亚布力，所以这里的整体感觉与亚布力颇为类似。

北京怀北国际滑雪场

怀北国际滑雪场位于北京市怀柔区城北18千米、雁栖湖北行5千米的九谷口自然风景区内。这里依山傍水，长城环绕，是集自然风景与人文景观于一体的著名旅游景点。雪场内明长城依山而行环绕四周与著名的"慕田峪"长城，绵延相接，其中独特的"夹扁楼"烽火台是万里长城中独具一格的景观。

北京怀北国际滑雪场

北京怀北国际滑雪场，雪道长 3800 米，落差 238 米，由 2 条高级道、1 条中级道和 4 条初级道组成，是北京地区雪道最长，规模最大的国际级雪场 。除滑雪外，同时准备了雪圈、雪地摩托、雪地射箭、马拉雪橇和攀冰等多种娱乐项目，并重新改造了雪圈道和雪地摩托道，新设了攀冰场，可满足不同水平和年龄的滑雪者的需要，雪场拥有 1200 米的观光缆车及 6 条拖牵道。独具现代建筑风格的综合楼及雪具店、餐厅和客房（雪景别墅）等多项娱乐设施于一体，为滑雪者提供优质便捷的服务。

北京怀北国际滑雪场有两条高空索道缆车，游客可乘缆车在长城上飞跃，登临落差 238 米高级道，一揽众山小，长城美景尽收眼底，在这里现代文明与古老文化激烈碰撞，交相辉映，大自然的鬼斧神工和喜怒无常在这里发挥到极至。

在雪期，北京怀北国际滑雪场，雪场内积雪厚度可达 1 米，皑皑白雪，湛兰的天空，巍峨的长城，清新的空气，人造雪花漫天飞舞，负氧离子超高含量，在北京怀北国际滑雪场游客可亲身感受李太白描绘北国的壮观诗句："燕山雪花大如席"的场面。

神农架旅游滑雪场

神农架是一个十分古老而又充满神秘感的地方。她西接秦巴，东望荆襄，是长江中下游地区的水土涵养地，空气净化源，生物基因库。这里不仅藏龙卧虎，隐秀纳娇，而且空气清新，气候适宜，还有数不清的奇山异谷，奇花异卉。冬到神农架旅游，不仅可以领略到奇花异兽的神秘，还可以饱览银装素裹，白雪皑皑，冬雪冰挂等景观。

神农架旅游滑雪场在海拔 2000 米高的酒壶坪，是我国南方旅游滑雪场，配有初级和中级旅游滑雪下坡雪道，坡度 5～15 度，设有拖迁式索道，由山顶呈 "S" 形穿林沐风飞驰而下，惊中无险，乐趣横生。就其地理位置而言，神农架滑雪场是最接近东南沿海的一座滑雪场，非常适合武汉和华南的旅游者，春节期间，三五亲友结伴，同游神农架，不用去北国，就能够享受滑雪的乐趣。

玉龙雪山滑雪场

云南丽江玉龙雪山旅游滑雪场位于玉龙雪山东麓，距被联合国评定为 "世界文化遗产" 的丽江古城仅 20 千米，是距地球赤道最近、最温暖的天然高山滑雪场。一进丽江地界，第一眼就可看到它银光闪闪的俏影。

玉龙雪山滑雪场

滑雪场海拔在 4500～4700 米，四季积雪，东西向长 1000 米，南北向宽 600 米，且雪质好，适合四季滑雪。温暖的气候及每年长达 8 个月（11 月至次年 6 月）的雪期为中国乃至世界之最。

瑞士八大梦幻滑雪场

瑞士位于阿尔卑斯山中心地带，优质的雪源使得滑雪者能够更好的体验冰雪乐趣，一起去看看瑞士人气最高的十大滑雪场吧。

瑞士位于阿尔卑斯山中心地带，海拔在 4000 米以上的高峰有 48 座，共有 29 个冬季运动地在海拔 2800 米以上，其最高的 10 个雪场海拔高度较其邻国雪场平均高出 370 米，这就足以保证了瑞士的雪场有大量且优质的雪源，从而使得滑雪者能够更好的体验冰雪乐趣。现在就一起看看瑞士人气最高的八大滑雪场吧。

采尔马特（Zermatt）

采尔马特位于著名的马特宏峰脚下，这里有 3 个主要滑雪区：采尔马特 - 苏内加 - 洛特峰区；采尔马特 - 戈尔内格拉特 - 施托克峰区和采尔马特 - 旋瓦尔茨湖 - 小马特宏峰区。雪场从小马特宏峰一直延伸至意大利境内。74 条上山吊车及火车线覆盖着 394 千米的雪道（含通往意大利的雪道），其中有 194 千米在采尔马特内。一年四季都适合旅游，更有理想的夏季滑雪场地，既使在夏季也可以进行冰雪运动。当地没有汽车，空气清新，游客可进行各种娱乐和体育活动。采尔马特既有农舍式的旅馆，也有豪华的酒店，还有青年旅社和公寓。

采尔马特

萨斯费

萨斯费（Saas - Fee）

萨斯费也是冬季体育运动的理想去处，拥有 145 千米的滑雪坡地，既使在夏季也能滑雪。这里禁止汽车通行，游客可以领略阿尔卑斯山的壮丽胜景，还可以进行各式各样的户外活动。萨斯费位于 4000 米山脉的中部，那里有不同风格的旅馆、餐厅及娱乐设施，让游客在滑雪之余尽情享受。

英格堡 – 铁力士山（Engelberg – Titlis）

英格堡 – 铁力士山

从瑞士名城卢塞恩出发，驾车40分钟，便来到瑞士中部的最高峰，主峰海拔3238米的铁力士雪山山脚下，这里也是瑞士中部最大的冬季运动的胜地。铁力士山滑雪场有82千米滑雪坡地，25条吊椅缆车线提供服务，这里绝大多数的地形适合中级和初级的滑雪者，并有20%的坡道留给滑雪高手和单板爱好者大显身手；滑雪爱好者们从海拔3020米的铁力士山山顶缆车站开始向下滑行，滑雪场地海拔高度差达2000米，游客可尽情享受滑雪的高速快感。山脚小阵英格堡有很多农舍式旅舍，令它更添恬静。

少女峰地区（Jungfrau Region）

少女峰地区是位于僧侣峰、艾格峰和劳特布龙嫩之间中心位置的一处经典冬季运动胜地。主要滑雪地包括：格林德尔瓦尔德到费尔斯特区间；克莱纳谢德格到曼丽申区间；米伦到雪朗峰区间，这里有数条6到12千米不等的雪道，总长达到213千米，共有44条吊、缆车提供服务。既使在夏季这里也依然可提供雪地活动项目。

少女峰地区

圣莫里茨

圣莫里茨（St. Moritz）

圣莫里茨是瑞士著名的高级的度假区，气候舒适宜人，历来以举办高水平冬季运动而闻名于世。曾经是两届冬季奥运会的举办地，所以滑雪设施的水平极高。圣莫里茨附近有4个大滑雪区，包括内尔山、科尔瓦奇峰、穆奥塔斯穆拉佑和迪亚沃勒扎，最高处海拔高度超过3000米。

达沃斯（Davos）

"魔幻之山"达沃斯吸引了来自世界各地的滑雪爱好者，其高科技的运输设施将滑雪者带往该地区的5个滑雪场，在310千米的滑雪坡道上有50个登山吊车。

达沃斯

韦尔比耶地区（Verbier）

韦尔比耶地区位于4个山谷中，提供95个上山吊车，410千米的滑雪坡地。该地区的村庄建在圣伯纳德山口和日内瓦湖之间，农舍大多以木头建成。有直升机直达采尔马特的

韦尔比耶地区

滑雪场，所以对游客的吸引力大增。

格施塔德

格施塔德（Gstaad）

格施塔德的高级滑雪区被视为滑雪天堂，250千米的滑雪坡地，和圣莫里茨一样，是上流社会人士常光顾的滑雪场。在3000米高的Devil冰川，夏季也可以滑雪。格施塔德设有63个上山吊车和缆车，设有观景台的舒适山区餐馆，40多处有冰上溜石、滑冰等冬季项目的设施，另外还有123千米的越野坡地，这些使格施塔德成为高水准的冬季旅游地。

世界著名滑雪胜地

世界上有许多景色优美、设施齐全、雪道专业的滑雪胜地，吸引了无数的滑雪爱好者前去游玩。这里为您简单介绍一下世界公认的七个最佳滑雪胜地，体验一下世界顶级滑雪场的魅力。

惠斯勒

在过去的几十年间，惠斯勒一直被北美人评选为"北美最佳滑雪胜地"。如今，除了来自北美和欧洲的滑雪爱好者之外，中国和日本的滑雪爱好者也将这里视为他们最喜爱的滑雪胜地。

这里有北美地区最陡峭的山崖，而且有最大垂直落差的跳台。这里的雪场建造历史有30年之久，并累计投入了6亿美元用来不停地扩建雪道。除了专业化的雪道和跳台，惠斯勒滑雪场的配套设施也给来到这里的每位游客留下了深刻印象。"惠斯勒魅力之村"给滑雪爱好者提供

惠斯勒滑雪场

了咖啡馆、国际化商店以及超过 100 家餐厅，包括中餐、法国餐、希腊餐、意大利餐、地中海风味、墨西哥餐以及泰国餐。极为丰富的餐饮文化使得惠斯勒具有了传奇色彩，惠斯勒也因此被誉为"全球最佳滑雪胜地"。

奥地利基茨比厄尔滑雪场

基茨比厄尔被称为"阿尔卑斯山的珍珠"，这里是整个奥地利最著名的度假胜地。

这座有着 700 多年历史的村庄给游客们展示出了最典型的阿尔卑斯风格，从 1892 年的冬天开始，这里就成为了奥地利的滑雪胜地。

奥地利基茨比厄尔滑雪场

美国科罗拉多州韦尔滑雪场

颇具传奇色彩的韦尔长久以来一直定位于"美国最佳度假村"，同时也被评为世界前五佳滑雪度假村。它拥有美国最大一块单片滑雪场地，提供了将近 5300 英亩面积的可滑雪区域（约合 21 平方千米）。除了滑雪之外，韦尔还有几座画廊、博物馆、热气球俱乐部、狗拉雪橇、滑冰、冰球、雪地摩托车等诸多娱乐设施。

美国科罗拉多州韦尔滑雪场

加拿大阿尔伯塔省班鞭滑雪场

坐落在加拿大著名的班芙国家公园中心的路易斯湖，被视为整个北

美景色最迷人的山区度假村
之一。这里有三块滑雪场地：
神 秘 山 （ Mount Norquay/
Mystlc Rldge ）、阳 光 村
（Sunshlne village ）以及路易
斯湖（Lake LouIse），彼此间
距离差不多有 50 千米。

加拿大阿尔伯塔省班鞭滑雪场

法国夏蒙尼雪山

作为 1924 年历史上首届冬奥会的举办地，夏蒙尼被评为"世界上
最著名的滑雪胜地"，闻名于世。坐落在阿尔卑斯山的最高峰——勃朗
峰脚下，这里地势险要，最高处约海拔 4800 米，排在欧洲第二。

夏蒙尼雪山滑雪场拥有高
达 2800 米的落差，这里还有着
世界上最长的一条雪道，长度
达到 22048 米。

美国佛蒙特州斯托

作为世界上最著名同时也
是风景最优美的滑雪胜地之一，
斯托散发出一股新英格兰风格

法国夏蒙尼雪山

的魅力并提供了该地区最大的高台滑雪场地。

斯托有两块滑雪区域：曼斯菲尔德山（Mount Mansfiefd）和斯普鲁
斯山（Spruce Peak）。后者曾经是偷渡者常出没的地区。斯托的另外一
大特点是两个滑雪场在位置上紧连。这里 90 家商店和 60 家餐厅使得游
客们在停留期间找到了滑雪之外的更多选择。

意大利科尔蒂娜滑雪度假村

科尔蒂娜滑雪度假村能和阿尔卑斯山脉中的任何一座滑雪场媲美。这里主办过 1956 年冬奥会。

科尔蒂娜滑雪度假村

与瑞士著名的滑雪胜地称马特相似的是，科尔蒂娜街道上车辆稀少，生活显得很悠闲。作为历史最悠久的滑雪度假村，科尔蒂娜无疑是意大利最具风格的旅游度假之处。